내 아이를 위한 하버드 공부법

내 아이를 위한
하버드 공부법

한상륜 지음

최고의 인재를 만드는 최강의 공부법

북 카라반
CARAVAN

내 아이를 최고의 인재로 만드는 방법

사람은 이루어지지 않을 것 같은 꿈을 안고 살아간다. 그 꿈을 향해 열심히 달려가는 모습은 설령 목표를 달성하지 못하더라도 아름답기까지 하다. 미국 하버드대학은 매년 전 세계의 유수한 대학교육 평가 기관에서 발표하는 각 대학별 순위에서 항상 1위를 차지하거나 1위에 근접한 자리를 차지하는 대학이다. 아마도 대학 진학을 꿈꾸는 사람들이라면 이 대학에 들어가고 싶은 생각을 한 번쯤은 갖게 될 세계 최고의 명문 대학이다. 미국에 사는 미국인들조차 어떤 외국인이 이 대학을 졸업했다고 하면 무한 존경심을 갖게 되는 그런 훌륭한 대학이다. 미국뿐만 아니라 전 세계에서 1퍼센트에 들어야 입학할 수 있는 그런 대학을 가는 사람들은 누구일까?

자녀를 둔 학부모라면 누구나 내 자식을 영재로 여기고 이 대학에 입학시키고 싶은 욕심이 나는, 한마디로 꿈의 영재 교육기관이 바로 하버드대학이다. 그러나 설령 초등학교부터 고등학교까지 12년간 전력을 기울여 하버드대학에 보내려고 철저히 준비시켰는데 떨어지거나 혹은 실력이 다소 못 미쳐 진학에 실패했다 해도 좋다. 그 지독한 노력과 훈련 과정에서 내 아이가 정말 인격과 학업 능력, 사회성에 이르기까지 최고의 인재가 될 수 있다면 이 얼마나 바람직한 일일까?

사실 미국에서도 고등학교 성적 평점이 4.0 만점에 4.0이고 SAT I 성적은 1,600점 만점이며 SAT II 점수가 모두 800점 만점이고 예체능이 만능이며 고교시절 최고의 봉사활동을 기록했다 하더라도 추풍낙엽처럼 떨어지는 곳이 하버드대학이다. 이 학교 입학은 기적이라고 표현할 수 있을 정도이며, 모든 학부모와 학생의 선망을 넘어서 차라리 하늘의 뜻이라 할 정도로 그 누구도 입학을 자신할 수 없는 대학이다.

이 책은 내가 오랫동안 학생들을 가르치면서 하버드대학에 입학한 학생들을 비롯해 숱한 아이비리그대학 합격생을 배출한 경험을 토대로 초·중·고, 특히 초·중생 학부모들에게 드리는 '내 아이를 하버드대생으로 만드는 특별한 학습법'을 담은 비적秘籍이다.

물론 이 책을 읽고 실천하면 모두 하버드대학에 들어갈 수 있다는 것은 아니다. 그러나 시중에 나와 있는 공부법을 소개한 책들이나 어설픈 미국 대학 입학 컨설턴트의 상업적 컨설팅과는 근본적으로 다른, 진정한 의미에서 내 아이를 위한 '하버드 공부법'이라는 것을 자신 있게 말할 수 있다.

혹자는 이렇게 말할지도 모른다. 하버드대학 입학을 꿈꾸는 것은 인생에서 파랑새를 좇는 것이라고. 그럴지도 모른다. 그러나 오늘날 세계를 지배하는 주요 인물들의 네트워크와 그들이 이룩해놓은 문명의 코드 속에서 이제 하버드대학 입학은 물론이요, 제4차 산업혁명이라는 새로운 인류 문명을 창조할 인재 양성을 위한 획기적인 교육 프로그램이 시작되어야 한다면, 이 책은 훌륭한 길잡이가 될 수 있을 것이다.

이 책을 읽는 학부모들이 사랑하는 자녀를 단순히 머리만 뛰어난 인재가 아니라 지덕체智德體와 진선미眞善美를 고루 갖추어 자신의 행복뿐만 아닌 남의 행복을 위해 힘쓰는 참된 인재로 키울 수 있게 되기를 바란다.

차례 |||||||||||||||||||||||||||||||||||||||||||||||||||||||||||||||||||||||||||||||||||||||||||||

|||||||||||||||||||||||||||||||||||||||||||||||||||||||||||||||||||||||||||||||||||||||||||||

제3장 하버드 공부법을 어떻게 내 아이의 학습에 적용할 것인가?

· · ·

제1장

하버드대학은
어떤 곳인가?

하버드대학을 제대로 알자

하버드대학은 일반적으로 세계 최고의 대학으로 알려져 있다. 매년 발표되는 미국과 영국, 중국 등의 대학교육 평가기관에서 하버드대학은 부동의 수위를 차지하거나 적어도 5위권 안에 든다. 재미있게도 미국의 대학교육 평가기관에서는 하버드대학을 매년 1위로 평가하는 반면 영국의 대학교육 평가기관에서는 옥스퍼드대학이나 케임브리지대학을 1위라고 발표한다. 두 나라보다 중립적인 중국의 대학교육 평가기관에서는 하버드대학이 매년 1위를 차지하는 것으로 발표한다.

그러므로 이런 대학교육 평가기관의 의례적인 평가 보고만으로는 하버드대학의 진면목을 알 수 없다. 우선 우리는 하버드대학이 배출한 졸업생들이 미국뿐 아니라 세계 각국의 사회 각 분야에서 얼

13

마나 큰 영향력을 행사하고 있는지를 살펴보면 입이 딱 벌어질 수밖에 없다. 역대 미국 대통령 8명, 부통령 12명, 퓰리처상 수상자 3명, 노벨상 수상자 47명, 숱한 세계적인 재벌들과 CEO 등…….

또한 44조 원이 넘는 기금을 운영하여 세계 최고로 꼽히는 막대한 재정과 장서 1,700만 권에 이르는 세계 최고의 도서관은 가히 타의 추종을 불허한다. 또한 입학하는 최고급 영재 학생들의 능력과 장래성, 시설과 장학금 제도, 사회적 평판 등을 고려할 때 하버드대학이 전 세계에서 가장 뛰어난 대학인 것은 분명하다. 하지만 이런 지표만으로는 하버드대학의 진면목을 알 수 없다. 이것은 그저 통계적 수치를 드러낼 뿐이고 진정한 학교의 모습은 그 탁월한 선구적 교육에 기인하고 있다는 것을 알아야 한다.

하버드대학은 1636년, 당시 영국의 식민지였던 매사추세츠 주의 케임브리지에서 회중교회 목사 6명을 양성하기 위한 신학교로 시작했다. 말이 6명이지 이것은 우리나라로 보면 무인가 신학교 수준이었을 것이다. 그러나 훌륭한 회중교회 목사가 되어 복음을 전하겠다는 당시 대학 설립자들과 그 신학생 6명의 열의가 미국 최초의 대학인 이 작은 학교를 장차 세계 최고의 대학으로 만드는 주춧돌이 될 줄 누가 알았겠는가?

거의 500년이 된 고색창연한 학교 정문에 들어서면 하루에도 수만 명의 전 세계 관광객을 볼 수 있다. 설립자 존 하버드 동상의 발을 만지면 하버드대학에 들어오게 된다는 전설(?) 때문에 동상의 발은 이미 하얗게 달아서 빤질빤질하다. 나는 거의 매년 고국에서 온 관광객들을 안내하는데, 첫 번째 코스가 바로 하버드대학이다. 나는 그들에게 이 전설을 들려주며 전설은 100% 이루어졌다고 말해준다. 왜냐하면 존 하버드 동상의 발을 만진다는 것은 이미 하버드대학에 들어왔다는 뜻이니까. 그러면 관광객들은 대부분 파안대소한다.

존 하버드는 사망할 때 약 779파운드와 장서 400권을 학교에 기금으로 내놓았다. 지금 기준으로 보면 대단한 기부가 아니었을지 모르지만, 당시에는 엄청난 거금이었고 대단히 많은 장서였을 것이다. 이 요절한 젊은 목사의 정신을 기려 이 대학 이름을 하버드대학이라고 부르기 시작했으니, 오늘날 그가 살아 있다면 세계의 어떤 나라보다 더한 하버드 제국이 된 학교의 모습을 보고 어떤 표정을 지을지 궁금하기까지 하다.

그때부터 매사추세츠 식민주를 대표하는 고등교육 기관이 되어 양적으로나 질적으로 서서히 발전한 하버드대학은 미국 동부지방의 다른 아이비리그대학들과 스포츠 교류를 하며 함께 성장해왔다. 그러나 하버드대학을 오늘날의 모습으로 키운 것은 1869년부터 1900년까지 총장으로 재직했던 찰스 윌리엄 엘리엇의 탁월한 지도력이었다.

그는 하버드대학을 단과대학에서 근대적 의미의 종합대학으로 탈바꿈시켰으며, 학생에게 과목 선택권을 부여해 스스로 학습 방향을 설계하도록 했다. 또한 강의 규모를 축소하고 입학 전형도 크게 변화시켜 당대의 미국 대학교육에 큰 영향을 끼쳤다. 또한 고전 중심주의 학풍을 정립하여 모든 학생이 사고하며 창조하는 혁신적인 분위기를 조성했다. 또한 하버드 고전총서 시리즈를 발간해 대중들에게 고급 지성의 불꽃을 던졌던 것으로 유명하다.

그의 재직 당시 오늘날의 하버드대학이라는 근대적 연구 중심 대학으로 탈바꿈했고, 비약적인 발전을 이루었던 것이다. 그가 가졌던 비전은 하버드대학의 학풍을 이루는 중요한 모멘텀이 되었으며, 오늘날 세계의 고등교육을 인도하는 하버드대학의 위상을 확립했다.

하버드대학은 어떻게 세계 최고의 대학이 되었는가?

하버드대학이 세계 최고의 대학이 된 것은 무엇 때문일까? 첫째, 세계 최강대국인 미국에서 최초로 세워진 아이비리그의 첫 번째 대학이기 때문이다. 그동안 역사와 전통에 빛나는 인재 양성을 통해 세계를 지도하는 막강한 인재 네트워크를 형성해왔으며, 인류 문화에 막대한 영향을 끼치는 거대한 연구 업적을 쌓아왔다.

또한 세계 최고의 부자 학교로 엄청난 자산과 막대한 양의 도서, 노벨상과 퓰리처상에 빛나는 저명한 교수들과 각국 정부의 고위 관료를 지낸 교수진, 무엇보다도 세계 최고라고 자부하는 지성과 인격을 지닌 뛰어난 교수진이 포진해 있다. 더군다나 매년 전 세계에서 수만 명씩 몰려드는 최고의 지원자 중에서 선택된 세계 최고의 영재들로 이루어진 국제적인 영재 교육기관이기 때문이다.

그러나 이런 외형적인 모습보다 중요한 것은 하버드대학의 고유한 학풍이다. 이 학교는 무엇보다 국제적 지성인의 공동체에서 누구보다도 우수한 학문적 업적과 지도력을 갖춘 국제적 인간형을 중시한다. 그래서 인류의 보편적 가치를 담지하고 있는 고전 교육을 중시하며 대학 4년 동안 인류가 남긴 불멸의 인문, 사회, 자연, 과학 분야의 고전을 깊이 있게 공부할 것을 권장한다.

그러다 보니 학생들은 전공과목을 본격적으로 공부하기 시작하는 3학년 이전에 문학과 역사와 철학, 사회와 자연과학 고전을 폭넓고 심원하게 공부한다. 이들 학문에 대해 고등학교 시절까지 충분하고 폭넓게 공부하기 때문에 대학은 세계 최고 지성인들의 토론의 장으로 여겨진다.

신입생들이 여기서 적응하지 못하면 1학년 말부터 30퍼센트 정도는 제명당하는 아주 엄격한 정책으로도 유명하다. 게다가 2학년 때까지 자기 전공 분야에 대한 폭넓고 깊은 준비를 하지 못하면 전공과정에 들어갔을 때 도저히 적응할 수 없다. 고전교육을 중시하는 하버드대학의 이러한 기풍은 30여 년간 총장으로 재직했던 찰스 윌리엄 엘리엇의 대학교육 개혁에서 비롯되어 오늘날까지 일관된 학풍으로 이어져왔다.

둘째, 하버드대학은 국제적인 마인드를 갖추고 인류 문화 창조의 보편적 가치를 실현해왔기 때문이다. 국제적인 인간형을 중시하는 만큼 세계 각국의 특수한 문화와 전통을 중시하면서 이런 고유한 문화와 전통이 범지구적으로 통합되는 글로벌형 복합적 문화 창조의 기수임을 자임하고 그런 방향으로 신입생을 선발한다. 교수진도 하버드대학 출신 위주가 아니라 세계적으로 알려진 대학들에서 얼마나 심원하게 학문을 연마했는지를 기준으로 채용한다. 이를 통해 하버드대학은 여전히 세계 최고의 대학으로 군림하고 있다.

셋째, 하버드대학은 장학 사업과 연구 지원을 아끼지 않기 때문에 계속적으로 세계 최고 수준의 인재풀을 유지하고 있다. 하버드대학이 가진 자산은 웬만한 국가 예산보다 많지만, 학생들이 내는 연간 7만여 달러의 학비로는 학교를 운영하기가 사실상 힘들다. 이렇다 보니 하버드대학 총장은 동문들과 사회 각 계층 인사들에게 가능한 한 많은 기부를 받아야 하는 매우 힘든 과제를 수행하고 있다.

이렇게 매년 거두어들이는 수천만 달러의 기부금을 운용해 막대한 이윤을 남기고 그 이윤은 다시 학교 운영 자금으로 투자되는 것이다. 막강한 인재들이 사회에서 동문이라는 긍지를 가지고 계속 기부를 하다 보니 하버드대학은 세계 웬만한 재벌들보다 부유한 것이 사실이다. 즉, 막대한 투자가 하버드대학을 세계 최고의 대학으로 유지시켜 오고 있다.

넷째, 하버드대학이 오늘날의 하버드대학이 된 것은 졸업한 동문들이 물질적으로 정신적으로 엄청난 지원을 해왔기 때문에 가능했다. 하버드대학은 입학생에게 장학금을 무조건 주기보다는 가난한 집안의 학생들을 조건부 근로 장학생으로 선발해 공부할 기회를 주었다. 그러나 지금은 미국 학생이건 국제 학생이건 그 부모가 연간 수입이 10만 달러 이하이면 학비를 받지 않는다.

하버드대학에 입학해 4년간 이러한 지원을 받고 졸업해서 사회에 나가 성공하는 것은 그리 어려운 일은 아닐 것이다. 누구보다도 좋은 증명서를 가지고 있기 때문이다. 그러니 나중에 사회에서 대기업의 CEO나 유명 방송인, 혹은 세계적인 정치가가 되었을 때 모교에서 요청하는 기부금을 나 몰라라 할 수 있을까? 이런 사람들이 졸업후 모교를 위해 물심양면으로 지원을 아끼지 않다 보니 하버드대학은 계속 성장할 수밖에 없고 결국 세계 최고의 대학이라는 영예를 유지할 수 있는 것이다.

다섯째, 하버드대학이라는 이름값 즉 브랜드가 이미 세계 최고의 교육적 가치를 지닌 것이 되었기 때문이다. 하버드대학이 세계 최고라는 인식은 아마 특별한 반전이 없는 한 바뀌기 힘들 것이다. 하버드대학을 구경하러 오는 관광객들은 하버드 투어 후 거의 대부분 하버드대학 마크가 새겨진 하버드대학 상징 색 셔츠와 열쇠고리 등을 여러 개 사가지고 간다. 게다가 하버드대학이 소재한 매사추세츠주의 케임브리지는 늘 세계의 관광객들로 붐빈다. 이것은 하버드대학의 브랜드 값이 세계 최고라는 확실한 증거다.

심지어 하버드대학이 여름방학에 주최하는 고교생 서머스쿨은 여러 자격 요건이 있는데도 전 세계에서 지원하는 고교생들로 늘 엄청난 경쟁률과 호황을 이룬다. 하버드대학이라는 그 이름값이 발휘하는 엄청난 파워는 오늘도 교육과 학문 분야에서 세계를 선도할 뿐만 아니라 전 세계를 움직이는 인적 네트워크를 통해 인류의 보편적 자유와 자본시장의 가치를 부지런히 전파하고 있는 것이다.

하버드대학에 입학하려면 어떻게 해야 하는가?

공부를 잘하면 하버드대학에 들어갈 수 있을까? 이것은 물론 상당한 가능성이 있지만 반드시 그렇지는 않다. 하버드대학의 신입생 선발 기준을 살펴보면 학교 성적과 SAT I, SAT II 또는 ACT 성적만으로 뽑는 것이 아니라 특별활동과 봉사활동, 교사들의 추천서, 에세이 등 종합적인 것을 고려한다. 그러나 이렇게 두루뭉술하게 말하면 도무지 무슨 소리인지 알 수 없으니 지원자들이나 그 부모들에게 읽기를 권유하는 하버드대학 입학처장의 말을 직접 들어보기로 하자. 이 글은 『뉴욕타임스』에 실렸던 내용이다.

우리의 목표는 최고의 학생들을 대학으로 끌어들이는 것입니다. 많은 사람이 말하는 '최고'는 표준 시험, 성적, 학급 석차인데 그것은 그 이유를 이해하기가 쉽기 때문이지요. 1960년에 전 하버드대학 입학처장인 빌 벤더는 이렇게 말했습니다. '그런 체계는 큰 장점을 가지고 있습니다. 왜냐하면 그것은 분명한 단순성, 객관성, 시간과 돈과 근심에서 비교적 행정적인 저렴함이 있기 때문인데 그건 명백한 논리적 근거도 있고 그렇기 때문에 적용과 방어가 쉽습니다.'

객관적 기준을 중시하는 반면에 우리는 우수함에 대해 보다 광범위한 견해를 적용합니다. 시험 점수와 성적은 학생들의 학문적 장래와 실적에 대한 어떤 지표를 제공합니다. 그러나 우리는 교과 외 활동의 특징과 개인적 자질에 대해 지원서를 정밀하게 검토합니다. 학생들의 지적 상상력과 성격의 힘, 바람직한 판단을 발휘하는 그들의 능력, 이런 것들이 입학 과정에서 중요한 요인들입니다. 그리고 그런 것들은 시험 점수보다 교실 밖에서 학생들의 활동, 교사들과 상담교사들의 증언, 동창생과 직원 인터뷰 보고서에 의해 드러납니다.

이런 양상들(학문적 우수성, 과외 활동의 특별함, 개인적 자질)을 염두에 두고서 우리는 각 지원서의 구성물들을 세심하게 읽습니다. 성격의 정확한 요소들을 정의하고 찾아내며 입학 과정에서 그것들은 얼마만한 무게를 주어야 하는가 하는 노력은 분별과 바람직한 판단을 요구합니다. 그러나 위원회는 '최고의' 신입생 학급은 우리가 하지 않는 것보다 성격과 인성의 평가를 한다면 더 잘 만들어지리라 믿습니다.

우리는 살면서 함께 공부하는 학생들 사이에서 다양한 배경, 학문적 관심, 특별한 재능, 직업 목표는 위대한 교수진들과 자료들의 원천만큼이나 같은 방식으로 교육의 질에 영향을 끼친다는 것을 믿습니다. 이런 고려들이 종합적이거나 절대적이지 않은 지침들인 것입니다.

우리는 불완전한 정보를 가지고 일하고 있으며 그 누구도 어떤 개인이 대학에서나 그 이후에 무엇을 성취할지 확실히 예언할 수 없음을 알기 때문에, 세심하고 분별력 있고 겸손하게 진행합니다. 하버드대학의 96~98퍼센트의 졸업률은 항상 미국 대학들 중 정상이나 그 근처에 있다는 사실에 우리가 고무되고 있는 반면, 입학 결정을 하는 것은 과학이라기보다 하나의 예술인 것이 명백합니다.

하버드대학 입학사정관들은 지역 대표로서 일하고 있는데, 그들이 할당 받은 지역의 모든 지원서를 읽습니다. 그들은 모든 자료를 기록하고, 분실된 자료들을 위해 지원자·학교와 연락하며 지원자의 강점과 약점에 대해 언급합니다. 어떤 지원서들은 4번이나 많이 읽히고 각 사정관들은 기록된 사실적인 자료들을 조사하며 더 중요한 것은 그 서류의 추가적인 해석들을 제공합니다.

교수진들의 입학과 재정 상임위원회는 문리대학의 교수진 약 30명을 포함하는데, 입학과 재정 지원에 대한 정책을 공식화하고 보충합니다. 상임위원회 위원들은 전체 풀의 대표인 지원서들도 읽습니다. 그리고 보통 강력한 학자적 자격을 제시하고, 학문에서 예외적인 독창성을 드러내며, 또는 입학 정책의 문제점들을 제시합니다.

상임위원회에서 수립된 지침 아래서 일하며 입학위원회는 개별적인 지원들에 대해 결정합니다. 입학위원회는 입학 및 재정 지원처에서 온 약 35명의 직원들에 의해 확대된 상임위원회로 구성되어 있습니다. 입학위원회는 지역에 의해 20개의 소위원회로 나누어지고 대략 같은 수의 지원서들을 대표합니다. 각 소위원회는 보통 4~5명의 위원들과 선임 입학사정관, 교수 독자들을 포함하고 있습니다.

모든 지원서가 다 읽히고 소위원회 과정이 시작되면, 지역 대표는 지지자로서 활동합니다. 그리고 각 후보자의 강점을 소위원회에 요약해줍니다. 소위원회 위원들은 지원서를 토론하며 전체 위원회에 추천할 것인지를 투표합니다. 다수결이 원칙이나 지원자들을 위해 표현된 지지의 정도는 다른 소위원회와 비교할 수 있도록 항상 기록됩니다.

그러고 나서 소위원회들은 전체 위원회에 대해 자신들의 추천을 제시하고 방어합니다. 지원서 요약을 읽고 듣는 동안 위원회 위원은 제안된 결정에 문제를 제기하고 더 자세히 검토할 것을 요청할 수 있습니다.

많은 후보자들이 전체 위원회에 다시 회부됩니다. 한 지원자에 대한 소위원회 또는 전체 위원회에서 이루어지는 토론은 1시간까지

지속될 수 있습니다. 전체 위원회는 모든 소위원회 즉 지역 내 모든 후보자들과 비교합니다.

이 활발한 비교 과정은 신중하고 꼼꼼하며 공정합니다. 노동력이 집중되어야 합니다. 그러나 입학위원회가 그것을 발송하는 날까지 실제로 결정을 바꿀 수 있는 특별한 유연성과 가능성이 허용됩니다.

개인적 자질과 성격은 입학 결정의 근거가 됩니다. 하버드대학 동창들은 종종 동료 급우들에게서 받은 교육이 대학 경험에서 매우 중요한 요소였다고 말합니다. 룸메이트들 사이에서, 식당 홀, 교실, 연구 그룹, 특별활동, 기숙사에서 발생하는 교육은 다른 사람들에게 도달하는 학생들을 선택하는 것에 의존합니다.

입학위원회는 그렇기 때문에 다른 동료 급우들과 교수들에게 영감을 줄 뛰어난 '교육자'가 될 학생들을 찾으려고 열심히 노력합니다. 단일한 학문 또는 특별활동 분야에서 비상한 우수성을 드러내는 학생이 있는 반면 대부분의 입학생들은 보통 그 경계선을 넘어 강력하며 어떤 정의로는 다방면에 뛰어납니다. 다양한 종류와 정도의 우수성을 이룩하기 위해서 그것이 가지는 정력, 몰입, 헌신은 대학생활과 삶 전반 동안 학생들에게 큰 도움이 될 것입니다.

이 인용문을 요약하자면 하버드대학은 공부만 잘하는 학생을 뽑는 것이 아니라 인성과 성격이 좋아서 동료 학생들과 교수들에게 큰 도움을 줄 수 있는 최고의 학생들을 뽑는다는 것이다. 거의 100명이나 되는 교수진, 입학·재정 지원처 직원들로 구성되는 입학위원회에서 다수결 투표를 통해 결정되는 아주 복잡하면서도 합리적인 과정을 통해 당선된다. 그러니 2019년 4만 3,350명의 지원자 중 겨우 1,650명이 등록한 것을 보면 하버드대학에 입학하는 것이 얼마나 힘든 일인지 알 수 있다.

어쨌든 합격한 사람들은 합격했고 떨어진 사람들은 떨어졌다. 그렇다면 어떻게 해서 이 합격자들은 하버드대생이 되는 영광을 얻었을까? 다음 장에서 합격자들의 면면을 살펴보기로 하겠다.

하버드대학에 들어간 학생들

하버드대학 입학처장이 말했듯이 하버드대학에 입학한 학생들은 자기가 처한 생활과 교육 환경에서 최고인 학생들임이 분명하다. 따라서 합격생들은 모두 최고라는 자부심과 긍지를 가지고 대학생활에 임할 것임이 틀림없다. 그들은 하버드대학에 합격할 때까지 남과 다른 특별한 길을 걸어왔을 것이다. 즉, 모두 할 이야기가 굉장히 많을 것이다.

그 가운데 매우 특별한, 특히 도저히 합격할 수 없을 것 같았던 열악한 환경 속에서 최선을 다하여 도전한 결과 합격이라는 기적 같은 결과를 만들어낸 사례들을 통해 독자들은 용기와 힘을 얻어 과감하게 도전할 수 있는 마음을 가질 수 있다.

특별한 특별활동으로 하버드대학에 간 P군

P군은 캘리포니아주에 소재한 한 공립고등학교를 다녔는데, 공부에 전력을 기울이기보다 상위권 성적을 유지하면서 교내외 활동에 치중했다. 그는 4년간 학원에 가서 입시 준비를 하는 대신 자신의 스타일대로 학교 수업에 치중하여 예·복습을 철저히 하고 SAT I과 SAT II (과목시험) 시험 준비를 꾸준히 했다.

그가 고등학교 시절 참가한 주요한 활동은 토론 클럽과 테니스 클럽과 빈민구제 봉사였다. 이런 활동에 대단히 적극적으로 열심히 참여하고 그 방면에서 눈에 띄는 실적을 냈다. 그는 9학년 시절 토론 클럽을 직접 만들어 12학년까지 4년간 회장을 맡아 활동했고, 학교가 주체하는 토론 대회에 나가 클럽 멤버들과 함께 학교 대표로 선정되었다. 그는 지역 대회를 거쳐 전국 대회에 나가 발군의 성적을 내는 기염을 토했다.

그러나 P군은 11학년이 되자 그동안의 토론 클럽 활동만으로는 하버드대학에 입학하기 힘들 것 같다는 생각으로 과학 클럽을 만들고 회장이 되어 활동했다. 그가 특별히 관심을 가졌던 분야는 환경오염이었는데, 이 문제에 대해 전문가 수준이 될 만큼 다양한 서적과 자료, 논문 등을 파헤쳤고, 환경 문제 해결을 위한 제안서를 작성하여 유엔환경계획 본부에 제출하기도 했다.

그는 스포츠 활동에도 매우 적극적이었는데, 고교 4년 동안 테니스팀에서 꾸준히 활동하여 프로 선수 못지않은 기량과 체력을 갖추고 장래 하버드대에 입학하면 아이비리그 스포츠 시합에 나갈 꿈을 간직해왔다.

그는 빈민구제 활동에도 매우 적극적이어서 고교 4년간 매주 1회씩 노숙자들을 위한 봉사활동을 벌여 '착한 사마리아인 고교생'이라는 별명까지 얻을 수 있었다. 그의 봉사활동은 어린 시절 아버지의 사업 실패 후 겪었던 비참한 생활이 동기가 되었다. 그는 노숙자들에게 좌절하지 말고 남은 가족들을 사랑하는 마음으로 어려운 현실을 꿋꿋이 견뎌내라고 권하면서 자신이 모금한 돈으로 먹을 것과 미용용품 등을 건네기도 했다.

비록 그의 성적은 전체 수석이나 All A는 아니었지만 상위 10퍼센트 이내였다. 평점도 4.5 만점에 4.2 수준은 되었으며 SAT I은 영어, 수학 총점이 1,510점, SAT II 두 과목의 점수는 세계사에서 780점, 화학에서 760점 등이었다. P군의 하버드대학 합격은 그가 남달리 공부를 잘하거나 특별한 스펙이 있어서가 아니라 공동체를 사랑하고 그 안에서 어떻게 살아야 하는지를 모범적으로 보여준 특별한 특별활동 덕분에 가능한 것이었다.

불법체류자에서 하버드생이 된 G군

G군은 목회자이자 선교사였던 아버지를 따라 해외에서 선교사의 자

녀로 어렵게 살다가 자식 교육 문제를 고민하던 부모님의 결단으로 매사추세츠주 보스턴에 정착한 학생이었다. 그는 보스턴과 경계선을 마주하고 있는 케임브리지 시내의 어느 공립고등학교를 다녔다. 이 학교는 인터내셔널 공립고등학교라고 불릴 만큼 다양한 인종의 아이들이 다녔다.

그가 처음 보스턴에 왔던 중학교 2학년 때 영어 실력은 그야말로 기초 수준이었다. 미국인이건 외국인이건 도무지 그들의 영어 발음을 이해할 수 없었다. 그 역시 흑인 동급생들과 히스패닉계 학생들의 속사포처럼 쏘아대는 짓궂은 슬랭은 전혀 알아듣지 못했다. 그는 교사가 자신에게 무슨 질문을 하는지 도저히 이해할 수가 없었다. 결국 학교 측의 배려로 영어 문맹자들을 위한 무료 영어 튜터링을 받아야만 했다. 이때 그가 만난 영어 튜터링 자원봉사자인 K부인은 60세가 넘은 노년이었는데, 그를 아들처럼 잘 가르쳤다. 우선 파닉스부터 철저히 가르치고 초등학교 영어 교과서를 가르치면서 회화 교육에 치중했다.

G군의 영어 실력은 날이 갈수록 좋아졌다. 결국 1년 만에 무료 영어 튜터링을 끝내고 고교 1학년(한국의 중3)이 되자 학교에서 두각을 나타내기 시작했다. 원래부터 사교적이던 그는 전교생들의 이름을 다 알고 있을 정도로 친숙했다. 게다가 태권도 3단이던 그의 무술 실력에 감탄한 학교 불량배들마저 그에게 친근함을 보였고, 그는 고교 1학년 시절부터 학교에서 학생들의 해결사 노릇을 했다. 학생들

의 힘들고 어려운 점을 학교 당국과 상의하여 해결해주는 그야말로 학교와 학생 사이의 가교 역할을 충실히 했다.

그는 하버드대학에 들어갈 만큼 사교육을 받을 경제적인 여유도 없었다. 게다가 미국에 합법적인 종교 비자로 입국한 그의 아버지가 운영하던 작은 교회의 재정이 어려워 영주권 취득에 실패하자 온 가족이 불법체류자 신세로 전락하고 말았다. G군은 한때 한국으로 돌아갈 것을 심각하게 고려했지만 어린 시절 떠나온 한국은 마음속의 모국일 뿐 현실적으로 다가오지 않았다.

결국 G군은 자신의 운명을 하나님께 맡긴다는 심정으로 입시 준비에 몰입했다. 모든 학교 수업과 시험에서 최선을 다한 그는 한 과목 빼고 모두 A를 받았고, SAT I 성적은 당시 2,400점 만점에 간신히 2,310점을 받았다. SAT II 두 과목은 경제학에서 790점, 수학에서 800점을 받았다.

하버드대학에 입학 지원을 하고 합격했지만, 문제는 불법체류자라는 그의 신분이었다. 그때 하버드대학 관계자들과 변호사가 G군과 같이 뛰어난 학생을 놓치는 것은 미국에 매우 큰 손실이라며 그의 가족이 영주권을 받을 수 있도록 도움을 주었다. 결국 그는 하버드대학 경제학과에 당당히 입학했다. 학교에 다니면서도 학교의 재정 지원을 받아 아프리카에 제지회사를 설립하고 학생 벤처 기업가로 활동하는 등 그의 행보는 한인 사회뿐만 아니라 모든 이민자에게 귀감이 되었다.

하버드생이 된 던킨 도너츠 직원

한국에서 던킨 도너츠는 매우 인기가 있다. 내가 한국에 와서 전국의 여기저기를 다녀보니 던킨 도너츠 매장이 없는 곳이 없을 정도였다. 그러나 미국에서 던킨 도너츠는 생활 형편이 어려운 사람들이 많이 애용하는 대중적인 패스트푸드점이다.

보스턴의 록스베리 지역은 흑인들과 히스패닉계가 많이 사는 곳으로 유명한데, 이곳에 있는 던킨 도너츠에서 일하는 한 고교생이 하버드대학에 합격하여 주변을 놀라게 했다. 그는 가정 형편이 너무 어려워서 공립고등학교에 진학하자마자 던킨 도너츠에서 일하기 시작했다. 그는 타고난 성실함과 친절함으로 종업원들과 손님들에게 칭찬을 받았고, 이를 눈여겨본 사장은 근무한 지 1년 만에 그를 팀장으로 승진시켰다.

그가 팀장이 되자 던킨 도너츠 매장은 너무도 깨끗하고 안락한 곳으로 변모했고, 손님들은 그에게 서비스 받는 것을 매우 기쁘고 행복하게 생각했다. 그는 자신이 할 수 있는 최선의 서비스를 제공했고, 손님들에게 가져다주는 음식은 항상 따뜻하거나 시원했고 매우 정갈했다. 그가 근무하기 시작한 지 2년 만에 사장은 두 배가 넘는 매출을 올리게 되었고 그 또한 많은 임금을 받게 되었다.

질병과 가난으로 어렵게 살고 있는 가족들을 부양하고 불평 한마디 없이 묵묵히 성실하게 살아간 고교생은 착실하게 학교를 다니며 항상 최상위권 성적을 유지하고, 결국 하버드대학을 비롯한 8개의 유명 대학에서 전액 장학금을 주고 입학을 허락하는 놀라운 결과를 이루어냈다. 물론 이 과정에서 던킨 도너츠 사장은 매우 드라마틱한 추천서를 써주어 이 학생의 가능성을 크게 밝혀주었고, 이에 감동한 하버드대학 입학위원회는 이 학생을 자랑스러운 하버드대생으로 합격시켰던 것이다.

하버드대학에 들어간 학생의 프로필

미국 하버드대학은 정책상 전 세계 지역·인종·국가별 합격 쿼터가 있고, 하버드대학 동문이나 유명인사의 자녀, 스포츠 특히 아이비리그 시합 종목에 뛰어난 학생, 기부금 입학 등 다양한 입학 조건과 변수가 있다.

최근 아주 뛰어난 학업 성적과 스펙을 지닌 캘리포니아 출신의 인도계 미국인 교수의 아들이 하버드대학에 불합격하자 아시아 학생을 차별한다며 소송을 제기했지만 연방법원은 하버드대학의 손을 들어준 일이 있었다.

하버드대학에 들어간다는 것은 어쩌면 천운이 있어야 가능한 일인지도 모른다. 하지만 초등학교 시절부터 중학교와 고등학교에 이르는 세컨더리secondary(초·중·고 12년) 교육을 제대로 시키지 않고 급작스럽게 고교 시절에 입시를 준비하는 것은 연목구어緣木求魚

하버드생의 프로필

B (여학생)	GPA	4.0 만점에 4.0
	AP 수강 결과	가중치 GPA는 4.29
	SAT I	수학 790, 영어 760 점
	SAT II	생물 780, 중국어 790, 세계사 780점
	랭킹	공립학교 12학년 졸업생 중 전체 10% 이내
	특별활동	로봇공학 활동 3년, 전국 소녀 탐사대 3년, 의료 봉사활동 4년, 교향악단 1년, 수학 클럽 1년
	장래 희망 전공	정치학
P (남학생)	GPA	4.0 만점에 3.93
	AP 수강 결과	가중치 GPA는 4.40
	SAT I	수학 750, 영어 800점
	SAT II	수학 800, 미국사 750점, IB 과정 마침
	랭킹	공립학교 12학년 졸업생 중 전체 8% 이내
	특별활동	반도체공학 연구 3년, 청소년 수학 튜터링 봉사 활동 4년, 피아노 클럽 3년, 물리 클럽 2년
	장래 희망 전공	전자공학
I (남학생)	GPA	4.0 만점에 4.0
	AP 수강 결과	가중치 GPA는 4.5 (AP 7과목 모두 5)
	SAT I	수학 760, 영어 770점
	SAT II	미국사 780점, 영문학 790점
	랭킹	공립학교 12학년 졸업생 중 전체 2% 이내로 원주민 보호정책(인디언)의 혜택을 받음
	특별활동	미국사 클럽 3년, 세계 난민 보호 기구 봉사활동 3년, 컴퓨터 해킹 방지 클럽 3년
	장래 전공 희망	컴퓨터공학과 사업

일 것이다. 다음 도표를 통해 하버드대학이 어떤 곳인지 알아보자.

도표로 보는 하버드대학

1	명칭 · 웹사이트	하버드칼리지Harvard College http://college.harvard.edu
2	학부 명칭	하버드칼리지Harvard College
3	설립연도 · 설립자	1636년, 존 하버드John Harvard
4	주소 · 전화	매사추세츠주 케임브리지시 매사추세츠 홀 Massachusetts Hall, Cambridge, MA 02138, USA 전화: 1-617-495-1000
5	학부 입학처	매사추세츠주 케임브리지시 브래틀 스트리트 86번지 하버드칼리지Harvard College, 86 Brattle Street, Cambridge, MA 02138, USA 전화: 1-617-495-1551, 팩스: 1-617-495-8821
6	학부 장학금 신청	매사추세츠주 케임브리지시 브래틀 스트리트 86번지 하 버드 칼리지 재정 지원 사무실Harvard College Financial Aid Office, 86 Brattle Street Cambridge, MA 02138, USA 전화: 1-617-495-1581, 팩스: 1-617-496-0256

7	학부 입학 신청 자격	미국이나 다른 나라 고등학교 졸업자, GED(미국 고교 졸 업 검정고시) 합격자, 홈스쿨 이수자
8	학부 입학시험 사항	SAT I 또는 ACT(작문 포함) SAT II 두 과목: 수학 2는 안 됨. 모국어 언어 시험은 안 됨. 토플 또는 IELTS(국제영어평가시험): 제출해도 되고 안 해도 됨.
9	학부 입학시험 코드	SAT: 3434 I ACT: 1840

10	학부 신입 지원 서류	• 지원서 The Common Application, the Universal College Application, and the Coalition Application 중 1
		• 하버드 추가 지원 서류(The Common Application에서는 Harvard Questions & Writing Supplement, 나머지 지원서는 Harvard Supplement)
		• 지원 에세이Application Essay
		• 학교 최종 보고서 및 성적표Final School Report and Transcripts
		• 교사 평가서Teacher Evaluation Forms, 교사 2명
		• 중간 학교 보고서Mid-Year School Report, 졸업생은 제외
		• 홈스쿨 보충 서류Home School Supplement, 홈스쿨 이수자만 해당
		• 외국인 학생 보충 서류International Supplement
		• SAT I 또는 ACT 성적표와 SAT II 두 과목 성적표
		• 학술적 글, 연구, 창작물, 또는 다른 서류들(지원자가 저자여야 한다. Scholarly articles, research, creative writing or other documents)
		  ＊in the Upload Materials section of the Applicant Portal
		• 선택적 추가 매체 자료들optional supplementary media materials(e.g. videos, audio recordings, or images)
		  ＊electronically via Slideroom
		• 전형료 75달러
		  ＊https://college.harvard.edu/admissions/apply/first-year-applicants

11 지원 마감일	조기 지원Early Action: 11월 1일 정시 지원: 1월 1일
12 학부 편입 지원 서류	● 편입 지원서Transfer Application from the Universal College Application, Coalition Application, or Common Application ● 하버드대학 질문 및 쓰기 보충Harvard College Questions and Writing Supplement for the Common Application ● 전형료 75달러 ● ACT or SAT(with or without writing) 2 SAT Subject Tests(recommended, except in the case of financial hardship) ● 선택 시험Optional: AP, IB or other examination results ● 대학의 학장이나 등록 담당의 보고서College/Dean's/Registrar's report ● 대학 공식 성적표Official College Transcript ● 대학 교수 추천서 2장College Instructor Recommendations(2) ● 고교 공식 성적표Official High School Transcript ＊https://college.harvard.edu/admissions/apply/transfer-applicants
13 편입 지원 마감일	3월 1일
14 장학금	미국인이든 외국인이든 차별 없이 가정 형편에 따라 지불됨.
15 장학금 지원 마감일과 신청 서류	조기 지원: 11월 1일 정시 지원: 2월 1일 편입 지원: 3월 1일 외국인 재정 진술서, 세금 보고서 또는 급여 명세서(자영업자는 사업/농장 보충서) 부모가 이혼했다면 양자가 따로 서류를 제출해야 함. ＊https://college.harvard.edu/financial-aid
16 학비(2019~2020)	수업료Tuition: $47,730 경비Fees: $4,195 기숙사Room: $10,927 식사Board: $6,755 **학비 총계: $69,607** 추정 개인 경비Estimated personal expenses(including $800

~$1,200 for books）: $4,193
추정 여행 경비Estimated travel costs: $0~$4,400
전체 비용 총계: $73,800~$78,200

17. 고교 이수 과목	● 영어 4년: 세계 문학, 미국 문학, 영국 문학, AP 영어 (작품 포함) * 영어는 집중적인 글쓰기 연습을 포함해야 함. ● 수학 4년: 대수 Ⅰ, 기하, 대수 Ⅱ, 미적분 준비 과정, 삼각함수, AP 미적분 ● 역사 3년: 세계사, 미국사, 유럽사, 남미사, 아시아사·아프리카사·중앙아시아사 중 1개 ● 과학 4년: 생물, 화학, 물리, AP 과학 ● 외국어 4년: 독일어, 프랑스어, 스페인어, 그리스어, 라틴어 중 1개
18 특별활동	음악이나 미술, 스포츠 활동, 사회봉사 활동
19 생활환경	학부생은 기숙사 생활이 원칙임.
20 입학 통계(2019)	지원: 43,350명 합격자: 2,009명 등록자: 1,650명 합격률: 4.6% 장학금 수혜자: 55% 인터내셔널 학생: 13%

．

．

．

제2장

하버드 공부법이란
무엇인가?

하버드 공부법은 존재하는가?

사람은 평생 공부를 하면서 살아가야 한다. 엄마 뱃속에서부터 태교를 받고, 세상에 태어난 순간부터 이 세상의 모든 것을 배워나가야한다. 엄마의 품속에서 젖 먹는 것을 배우고 젖을 떼면 이유식 먹는 것을 배워야 하고 다음에는 굳은 음식을 먹는 것을 배워나가야 한다.

먹는 것을 넘어서면 다시 생리 작용을 해결하는 법을 배워야한다. 자신의 욕망대로 아무렇게나 자라는 것이 아니라 사람답게 살기 위해 생리 작용을 품위 있게 해결해야 한다. 그뿐인가? 엄마와 의사소통을 시작한 아기는 다시 주변의 친근한 얼굴들과 대화하기 위해 언어를 배워야 한다. 이렇게 인간은 모두 학습을 하며 성장한다. 그런데 이 과정에서 학습을 제대로 하지 못한 인간은 결국 짐승의 수준을 간신히 넘는 그런 동물적 본능만을 만족시키며 살아가야 한다.

사람이 살아간다는 것은 결국 학습을 통해 살아가는 법을 배워가는 과정이다. 가정에서 시작하여 어린이집, 유치원, 학원, 초등학교, 중학교, 고등학교를 거쳐 대학에 들어가면서 제대로 배울 수 있게 된다. 물론 가정에서 공부하거나 독학하는 사람들도 있다. 어떤 교육 기관에서 어떤 스승을 만나 어떤 공부법으로 공부해야 하는지는 너무나도 중요한 문제지만 우리 마음대로 결정하기는 어렵다. 다만 자신의 객관적인 기준과 조건에 맞는 학교에 들어갈 수 있을 뿐이다.

사람들이 공부를 하는 것은 대부분 학교에 들어간다는 목적이 있기 때문이다. 그것을 위해선 초등학교 시절부터 어떤 공부를 어떤 방법으로 해야 하는지를 알아야 한다. 공부법이 얼마나 중요한지를 알고 나라·시대·문화별로 서로 다른 공부법이 분명히 존재해왔음을 알아야 한다.

예를 들어 조선시대 선비들의 공부법은 주로 거경궁리居敬窮理, 격물치지格物致知에 기초를 둔 원전의 철저한 이해와 암기였다. 특히나 음독법音讀法은 머리와 눈으로 어려운 한문의 뜻을 이해하면서 암송하는 것이었다. 사실 고구려 때 들어온 유학이 조선시대에 와서 국가 이념으로 승격되고 퇴계 이황, 율곡 이이 같은 세계적인 유학자이자 철학자들을 배출한 것은 그 시대 선비들의 탁월한 공부법이 있었기 때문에 가능했다.

유대인들은 어려서부터 아이들이 공부가 즐거운 것임을 알게 하기 위해 히브리어 글자에 꿀을 바른 맛있는 과자를 먹으면서 공부하게 하고, 글자를 익힌 아이들은 5세부터 조상 대대로 이어받은『성경』,『미슈나』,『탈무드』를 공부하며 암송하게 했다. 이 책은 한 문제에 대한 숱한 해석과 사고를 가능하게 만들고 유대인을 세계에서 가장 머리 좋은 민족으로 노벨상 수상자를 가장 많이 배출하게 만든 그들만의 독특한 공부법이다. 그들은 두 사람이 짝을 이루어 토론을 통해 서로 묻고 질문하는 '하브루타' 공부법을 통해 문제를 풀고 암기하는 것이 아니라 사물의 본질을 파고 들어가는 심원한 학습을 해왔다.

그리스인들은 소크라테스라는 위대한 스승을 통해 대화를 통한 공부법을 이용해왔다. 문제를 집요하게 파고드는 질문으로 끝까지 답변을 유도하는 이 방법은 일명 '산파술'이라고 불리는데, 이것이 변증법의 시초가 된 것이다. 독일인들은 칸트 이전에는 라틴어 문화 속에서 고전을 배우는 정도였지만, 칸트 이후로 철학적 사고가 발달해 서양세계를 주도하는 학문과 문화의 강국이 되었고, 현재는 유럽 최고의 강대국으로서 물질문명마저도 첨단을 걷는 나라가 되었다.

영국은 이튼스쿨이라는 고교와 옥스퍼드대학과 케임브리지대학을 필두로 한 학문적 강국으로 과학적 실험실습과 경험적 귀납법, 상식을 중시하는 학문적 전통 속에서 어린 시절부터 문학과 철학, 역사와 과학을 고난도로 가르친다. 따라서 그들의 공부법은 단순한 암기 위주가 아닌 실험실습과 과학적 공부법에다 분석에 기반을 둔 언어와 인문학 공부법으로 발전해온 것이다.

현대 세계를 사실상 지도하는 미국은 건국한 지 250년도 채

되지 않아 세계 최강대국이 된 이유는 바로 하버드 공부법이 있기 때문이다. 우리는 하버드대학이 세계 최고의 대학이며 미국에서 가장 오래된 대학임은 알고 있지만, 하버드대학이 그들만의 공부법을 통해 하버드대생들을 최고의 영재로 만들고 있음은 잘 알지 못한다. 그러므로 우선 우리는 하버드 공부법이 존재한다는 것을 전제하고 이 글을 읽어가야 한다.

도표로 이해하는 하버드 공부법

진리|Veritas
지도자

IT·AI교육

인문학과 문학 체득: 삶을 즐김

봉사 활동: 공동체 기여, 이웃사랑 실천

언어·토론: 주체화 교육

고전 교육: 독서, 글쓰기

신체 단련: 인내심 배양, 아이비리그 스포츠 참여

사람을 근본적으로 바꾸는 공부법

하버드 공부법은 최고의 목표가 설정된 상태에서 작동되는 근본 원리에 입각한 학습법이다. 그 목표는 바로 진리Veritas(Truth)와 지도자다. 사람은 진리를 알아야 하고 진리를 알아야 행동할 수 있다는 의미다. 또 진리를 아는 자가 지도자가 된다는 것이다.

물론 진리가 무엇이냐에 대해서는 각인각색으로 정의를 내릴 수 있고 아직까지 정리되지 않았다. 그러나 이 책은 철학을 강론하거나 진리관에 대한 논쟁을 소개하는 것이 목적이 아니기에 독자들이 이해할 수 있는 평이한 내용부터 이야기를 전개해나가고자 한다.

일반적으로 '진리라는 것은 무엇인가?' 하고 물을 때 그것은 '참'이라는 사실을 의미한다. 즉 A라는 명제가 주어졌을 때, 예를 들어 '해는 동쪽에서 뜬다'라는 진술에서 이것을 '사실'이라고 하고 '진리'로 여긴다. 물론 지구의 모든 지역에서 해가 동쪽에서 뜨는지 아닌지는 우리가 일일이 지구 전 지역을 다녀본 것이 아니기에 맞는지 안 맞는지는 알 수 없다. 다만, 일반적으로 이 명제는 사실이라고 여기기에 진리라 여길 수 있다.

그런데 이런 일반적인 진리를 배우자고 하버드대학에 들어가는 것은 아닐 것이다. 왜냐하면 인류가 사유를 시작한 이래로 인공지능Artificial Intelligence 시대에 이르기까지 인문·사회·자연과학에서 이룩해놓은 어마어마한 데이터는 사실상 진리로 여겨져왔는데, 그런 데이터를 습득하고 나름의 비판적이고 생산적인 지성을 기르기 위해서는 대학이라는 소우주적 공간이 필요하기 때문이다.

하지만 그 모든 데이터가 사실일까? 일례로 신화와 종교라는 상상의 가장 고상한 형태로 전승된 태곳적 자료들이 진리인지 아닌지는 개인 또는 그룹이 검증하고 비판해야 한다. 또 오늘날 인류에게 막대한 영향을 끼치고 있는 이데올로기와 종교, 사상과 학문이 과연 진리에 입각한 것들인가? 오늘날 인류에게 막대한 피해를 주고 있는 것은 아닌가? 경제학에서 주장하는 이론들은 과연 이 사회의 경제생활을 올바르게 인도할 수 있는 진리에 입각한 것들인가? 우주가 바늘 같은 구멍에서 폭발하고 팽창했다는 이른바 빅뱅 이론은 사실인가? 수학이나 자연과학의 모든 사실은 무조건적으로 믿을 수 있는가?

하버드 공부법은 이렇게 기존의 모든 학문적 업적을 진리라는 측면에서 깊이 파헤쳐 들어갈 수 있는 안목을 기르게 한다. 예부

49

터 위인이라는 사람들, 특히 성현들은 자신들의 진리를 파악하는 공부법을 연마한 사람들이다. 그들이 진리를 가지고 있었기에 그 진리를 통해 수많은 사람을 설득할 수 있었고 또 그들을 유익하게 이끌 수 있었다. 다시 말하면 진리를 모르는 사람은 성현도 위인도 지도자도 될 수 없다. 그렇기 때문에 하버드 공부법은 먼저 진리를 아는 삶을 사는 사람, 즉 지도자를 양성하는 것을 최우선 목표로 삼는 것이다.

그런데 이런 지도자는 아무렇게나 만들어지는 것이 아니다. 사실 한 가정의 가장 노릇을 하기도 쉽지 않다. 가장은 돈만 많이 번다고 가족을 행복하게 이끌 수도 없고 학식이나 전문적 기술을 가지고 있다고 해서 가족의 행복을 보장하는 것도 아니다. 지도자는 그 집단의 구성원들을 이끌어나갈 수 있는 영적·지적 능력과 도덕적·경제적 능력, 조정 능력을 갖춘 뛰어난 사람이어야 한다. 더욱이 이것이 한 가정의 문제가 아니라 한 회사, 학교, 정당, 국가 등으로 조직의 크기가 확대될 때 지도자의 능력은 더욱 절실히 요구된다. 지도자가 진리를 모르면 그 집단은 반드시 망한다.

이제 왜 하버드 공부법의 최고 목표가 진리를 아는 삶과 지도자가 되는 것인지를 명백하게 알았다. 하버드 공부법을 통해 진리를 파헤쳐나가고 또한 그 진리를 온 마음으로 체득하여 남에게 이익을 끼치는 사람, 남들을 행복하게 만들 비전과 능력을 갖춘 참된 지도자를 양성하는 것이 가장 긴요한 문제다. 기존의 공부를 위한 공부, 아무런 바람직한 결과가 나오지 않는 기계적인 공부법은 소용이 없다.

어느 집단에서나 지도자 한 사람을 잘 만나면 대단히 유익한 결과를 얻을 수 있다. 그러나 편견과 무지에 사로잡힌, 공심公心 없이 자기밖에 모르는 지도자를 만나서는 안 된다. 지도자를 잘 선택할 수 있는 민주적 역량과 지성과 감성과 영성이 없는 구성원들로 이루어진 집단은 결국 바람직하지 못한 결과를 얻고, 궁극적으로 패망한다는 사실을 우리는 역사에서 숱하게 배워왔다. 지도자를 선택할 때 최선의 능력을 발휘할 수 없는 조직은 반드시 문제가 일어나기 마련이고 결국 몰락의 길을 걷게 된다.

진리를 체득해 지도자로 성장한다는 하버드 공부법의 목표를 향해간다면, 누구나 과거와 같은 비인간적인 모습이 아니라 가슴에는 따뜻한 인간애와 머리에는 진리에 대한 열렬한 사랑과 지혜, 손과 발에는 남을 위해 헌신 봉사할 수 있는 근면함을 갖춘 참된 지도자가 될 수 있다. 성공을 위해 노력하되 실패를 결코 두려워하지 않는, 도전적이고 적극적인 새로운 사람이 되는 것이다.

영재와 신사를 동시에 길러내는 공부법
—

아이들은 근본적으로 영재로 태어난다. 다만 자라면서 환경과 교육의 영향으로 둔재로 변한다. 하늘이 사람을 세상에 낼 때는 누구나 먹고살 만하도록 영재급 능력을 부여했다. 그러나 사람들이 만들어놓은 잘못된 교육 제도와 과정이 이런 영재성을 망치고 있는 것이 사실이다. 생각해보라! 누구나 똑같은 능력을 가지고 이 세상에 태어난다면 어떻게 이 세상의 다양한 일이 운영될 수 있겠는가?

그러나 사람들이 사회라는 구조 속에서 만들어놓은 교육 시스템은 사실상 그 사회의 어떤 목표를 향한 일종의 이데올로기적 구현 방안이다. 그러다 보니 그 사회는 일정한 방향으로 아이들을 교육해나간다. 문제는 이 일정한 방향이 대부분 잘못되어 있고 아이들이 이런 방향에 적응하지 못하고 하늘에서 부여받은 영재성을 상실해간다는 점이다.

하버드 공부법은 이런 문제를 근본적으로 해결해 어떤 아이들이라도 태어날 때 부여받은 영재성을 개발할 수 있도록 최선을 다하는 것이 목표다. 왜냐하면 아이들을 잘 살펴보면 실로 놀라운 능력을 소유하고 있음을 알 수 있다. 다만 부모나 교육자들이 게으르고 관심이 없어 아이들의 영재성을 모르거나 묵살해 아이들을 사회가 요구하는 획일적인 교육으로만 몰아가다 보니, 아이들이 힘들어하는 것이다.

그러나 하버드 공부법은 막연하고 엉성하게 구성된 기존의 조잡한 학습법이 아니다. 이 공부법을 통하면 아이들은 학습 자체를 즐기게 되고 자신들의 선천적인 능력이 어디에 있는지를 깨닫게 되며 학습과 삶 자체를 즐기는 방향으로 나아가게 된다. 이것이 하버드 공부법의 가장 큰 장점이다.

하버드 공부법을 통해 내 아이를 사람다운 사람, 영재성을 무한히 발전시키는 사람, 자신을 낮추어 진리 앞에 고개를 숙이고 평생을 겸허하게 배워나가는 사람, 하늘을 두려워하고, 자신을 올바르게 사랑하는 사람, 주변인들을 사랑하고 이해하며 그들의 어려운 상황을 언제라도 힘껏 도울 수 있는 너그러운 사람, 자신의 이익보다는 공동체의 이익을 앞세우는 사람, 빈말보다는 묵묵히 행동하고 자신이 배운 바를 그대로 실천하는 지행합일知行合一의 사람, 자기보다 약한 자에게는 한없이 관대하고 자신에게는 엄격한 사람, 늘 자신의 갈 길을 사심보다는 공심公心으로 결정할 수 있는 사람, 사는 것 자체가 남들에게 모범이 되고 자신의 희생을 통해 남을 살릴 수 있는 너그럽고 친절하며 적극적인 사람(이런 사람을 우리는 동양적인 표현으로는 군자요, 서양적인 표현으로는 신사라고 부른다)으로 변화시킬 수 있는 것이다.

하버드 공부법은 공부만 잘하고 이기적인 사람을 길러내는 학습법이 아니다. 오늘날 우리 사회가 어지러워진 것은 근본적으로 교육의 잘못이고 더욱 본질적으로는 아이들이 잘못된 공부 목표와 방향을 설정했기 때문이다. 아이들을 무조건 한 방향으로 몰아붙여 모든 학습 결과를 점수화, 계량화, 단순화해 한 줄로 세우고 있다. 이 망국적인 교육의 결과 지도층들이 더욱 비열하고 저열하며 비인간적이고 소인배 같으며 비신사적인 인간들로 채워지고 있다. 이런 사회에서 무슨 대동사회大同社會를 바랄 수 있겠는가?

잘못된 공부법은 그저 동물적이고 탐욕스런 약육강식의 가장 원초적인 정글 같은 사회를 만들고 결국은 내 아이들마저 이런 사회 속에서 피투성이가 되도록 싸우며 고생하게 만들고 있다. 아이들이 겪어야 하는 비참한 현실을 생각한다면, 하버드 공부법이 목표하는 영재성 개발과 신사 양성이라는 숭고한 방안이 얼마나 귀하고 그 결과가 얼마나 찬연한 빛을 발하게 될지 더욱 기대된다.

어떤 역경과 고난도 스스로 이겨내는 공부법

공부를 좋아하는 사람은 가뭄에 콩 나듯이 극히 드물 것이다. 공부하는 것 자체가 남의 사고를 좇아 나의 사고를 개발하면서 이질화된 타자의 데이터를 동화된 자신의 데이터로 입력시키는 과정이기 때문에 너무도 힘들고 고통스럽고 지겨운 과정이다. 그런데 공부를 하지 않고 도대체 이 사회에서 할 수 있는 일이 없기 때문에 어쩔 수 없이 아이들은 공부를 해야 한다.

그런데 아이들이 공부하는 모습을 보면 참으로 각양각색이다. 어떤 아이는 이어폰을 꽂고 몸을 흔들어가면서 공부하고, 어떤 아이는 읽는 문장마다 죽죽 줄을 치거나 형광펜으로 색칠을 하면서 공부한다. 어떤 아이는 책을 읽을 때 끊임없이 입에다 무언가를 집어넣으면서 해야 공부가 된다고 한다. 문제는 참을성 없는 아이들은 이

험악한 생존경쟁에서 탈락한다는 것이다. 그렇다면 아이들이 정말 끈질기며 야무진 성격이어야 하는데, 대체 무슨 방법으로 이런 인내력과 도전정신을 길러줄 수가 있겠는가?

여기서 오성 이항복과 한음 이덕형이 소년 시절 외가가 있는 시골에 갔다가 떠꺼머리총각에게 납치되었을 때의 일화를 한번 살펴볼 필요가 있다. 그 총각이 "너희들은 신동이라 하니 제발 내게 공부를 잘할 수 있는 비법을 소개해달라"며 무릎을 꿇고 사정할 때 두 신동은 그에게 딱 한마디 했다. "밑이 빠진 독에다 물을 부어서 그 물이 차게 되면 공부의 비법을 알게 될 것이오."

그 떠꺼머리총각은 얼마나 공부를 잘하고 싶었던지 두 신동의 말대로 밑이 빠진 독에 물을 붓기 시작했다. 그러나 1~2시간 아무리 물을 부어도 밑 빠진 독에 어찌 물이 찰 수가 있겠는가? 그는 처음에는 두 신동에게 속았다는 마음이 들었다. 하지만 그에게는 달리 방법이 없었기에 간절한 마음으로 두 신동의 말을 믿고 계속 물을 부어나갔다. 반나절 동안을 밑 빠진 독에 물을 부었고 결국 독에 물이 차오르기 시작하는 것을 보면서 그는 두 신동의 말이 무엇을 뜻하는지 깨닫고 무릎을 치며 말했다. "아! 공부란 밑 빠진 독에다 물을 붓는 과정이로구나!"

결국 그는 공부법의 비밀을 깨닫고 읽고 외우고 잊어버리고, 또 읽고 외우는 과정을 되풀이하며 그 어려운 사서삼경을 부지런히 외워나가면서 열심히 공부해 진사시에 합격하는 영광을 이루었다고 한다.

나도 비교적 늦은 나이인 16세에 ABC부터 영어를 독학으로 공부하기 시작했다. 중학교 3학년 시절 문학에 심취해 학교 공부를 때려치우고 거의 매일 한국 문학, 세계 문학, 무협지 등에 빠져 지내던 나는 영어 시간에 교재를 보며 수업을 들었는데 ABC 이외에는 하나도 아는 것이 없었다. 말 그대로 하얀 것은 종이요 검은 것은 글씨요 하는 수준이었다. 충격을 받은 나는 첫 중간고사에서 내 머리를 테스트하기 위해 난생처음으로 일주일을 밤을 새우면서 공부했다.

문학에 심취했으므로 국어는 그래도 아는 게 있었지만 영어, 수학, 과학, 음악, 미술을 공부한 적이 없으니 아는 것이 없었다. 그래서 시험 범위를 무조건 외우기 시작했다. 모든 도표와 수치와 내용을 종이에 쓰고 또 쓰면서 무지막지하게 외워나갔다. 결국 3일간 밤을 새운 나는 시험을 끝내고 집에 돌아와 거의 24시간을 잤다. 비록 성적은 잘 나오지 않았지만 나는 자신감을 얻게 되었다.

그 후 영어를 ABC부터 시작해 『영어 기초 확립』을 5번, 『영어 실력 기초』를 5번, 『영어 기초 오력 일체』를 2번, 『영어 연구』를 2번을 읽었다. 나는 이 책에서 말한 그대로 하루에 14시간 이상 영어 공부에 매달렸다. 나는 '영어는 무조건 외워야 하며 영어를 한글로, 한글을 영어로 동시에 바꿀 수 있어야 한다'는 말에 공감해 이 책들을 처음부터 끝까지 달달 외웠다. 40년이 지난 지금도 나는 이 책의 그 긴 지문들을 외우고 있다.

결국 그 무지막지하게 외워나가는 고난의 영어 공부와 구문 분석법에 의한 공부법 덕분에 영어 독학 2년 만에 그 어려운 워싱턴 어빙Washington Irving의 『스케치북Sketchbook』을 혼자서 영어 사전만 가지고 5번을 독파함으로써 영어 실력의 기초를 완전히 다졌다.

그러나 아이들은 이런 무지막지한 방식으로 공부하지 않아야 한다. 다만, 아이들이 공부할 때 이런 인내력과 도전정신을 가져야 한다는 것을 강조하고 싶다. 하버드 공부법을 통해 공부하는 학생들은 강인한 인내력과 무엇이든 할 수 있다는 도전정신을 체득하길 바란다. 인생이라는 과정에서 비록 고난과 역경을 만나도 그 정신으로 모든 것을 이겨나가는 사람으로 성장해나갈 수 있는 것이다.

사고하고 창조하는 지도자가 되는 공부법

하버드 공부법은 아이들이 끊임없이 생각하고 연구하며 자신만의 문제 해결 방식을 터득할 것을 권장한다. 선생님이 가르쳐준 대로 암기하고 과외 선생이 가르쳐준 대로 공부하는 것이 아니라 자기 나름의 확실한 사고를 통해 문제를 해결하는 창조적인 지도자로 성장할 것을 목표로 한다. 우리 교육의 커다란 잘못은 교육의 공급자가 교육의 수요자 위에서 군림하고 그들의 인생을 좌지우지하는 것이다. 교육부나 학교나 교사들이 학생들의 인생을 멋대로 만들 수 있다고 착각하는 것이다.

국가가 교육을 설계하고 학생들을 어떤 이념적 방향에 따라 교육시키며 그 결과를 국가가 책임진다는 이 얼토당토않은 생각은 21세기 교육에는 맞지 않다. 왜냐하면 국가는 한 개인의 인생을 책임지는 전지전능한 존재가 아니기 때문이다. 국가는 그저 개인이 잘 교육받아 자기 나름의 인생을 살며 사회의 구성원으로서 권리와 의무를 다해 살아갈 수 있도록 돕는 행정기구일 뿐이다.

학교나 교사도 아이들이 제대로 교육을 받고 잘 성장해 인생을 보람차게 살 수 있도록 돕는 기관이자 안내자일 뿐이다. 교육은 국가 백년지대계라는 헛된 망상 속에 국가가 마음대로 입시 제도를 만들었다가 바꾸고, 학교를 평등이라는 이념에 따라 통제하며, 아이들을 잘 가르치고 싶은 학부모들의 마음을 멍들게 만드는 이런 현실에서 그만 벗어나야 한다. 그러기 위해서는 아이들이 공부하는 방법부터 근본적으로 바꾸어야 한다.

하버드 공부법은 아이들이 모든 문제를 인식하는 단계에서부터 그것을 혼자 힘으로 풀 수 있도록 단초를 제공하고 그 과정에서 누구의 개입이나 간섭 없이 오직 자신만의 해결 방식과 능력, 즉 자신만의 사고를 통해 해결할 수 있도록 돕는 것을 목표로 한다. 이것은 한 사회의 교육의 목표라 할 수도 있다. 그러므로 아이들 스스로 사고하도록 자료를 제공하고 그 길을 안내하며 값진 사유를 통해 얻어낸 결론이 교사들에게 무시당하거나 저평가되는 일이 없도록 해야 한다.

1+1=1이라고 주장해 IQ가 현저히 낮아 학교 교육에 맞지 않는다는 담당교사의 판단으로 정규 교육에서 축출되었던 에디슨처럼 우리는 틀에 맞추고 형식에 맞추며 자신들의 기준에 맞는 아이들을

길러내는 것이 목표가 아니다. 아이들의 선천적인 영재성을 판별하고 그 영재성을 개발할 수 있도록 도움을 주는 최선의 공부법을 제공하는 것이다.

그러나 이런 공부법을 통해서 무엇인가를 억지로라도 이루고자 하는 학부모는 지금 이 순간 생각을 바꾸기 바란다. 하버드 공부법은 인간의 가장 인간다운 모습, 즉 사고하고 창조하는 인간 양성을 위해서 무엇이 가장 긴요하고 무엇을 통해 그들이 가진 능력을 최대한 발휘시킬 수 있을 것인지를 규정해나가는, 내 아이를 위한 최선의 공부법이다. 내 아이에게는 어떤 영재성이 있는지, 내 아이가 사고하며 창조하는 아이로 어떻게 바뀔 수 있을지를 생각한다면 하버드 공부법은 가장 탁월한 안내자가 될 것이다.

· · ·

제3장

하버드 공부법을 어떻게 내 아이의 학습에 적용할 것인가?

내 아이가 영재라는 확신을 가져라

지금까지 하버드 공부법이 무엇인가에 대한 원론적인 내용을 기술해왔다. 그러나 지금부터는 하버드 공부법을 어떻게 현실에 적용해 내 아이를 참된 지도자로 양성하는 공부를 시킬 수 있는지에 대해 살펴보고자 한다. 이것은 학부모들에게 가장 구체적으로 응용할 수 있는 자녀 교육의 방법론인 동시에 아이들에게는 가장 흥미롭고 도전적인 공부법이 될 것이다. 그러므로 지금부터 우리는 이 내용들을 실용적이고 생산적인 차원에서 좀더 상세하게 읽고 때로는 밑줄을 쳐가면서 실천할 수 있는 중요한 포인트를 파악하는 것이 중요하다.

아이들은 천부적인 재능을 가지고 태어난다. 그런데 문제는 이 천부적인 재능은 각양각색으로 모두 다른 능력을 부여받는다는 사실이다. 그 때문에 국가와 사회가 이데올로기적 방향으로 설정

65

해놓은 획일적인 교육 시스템에서는 전혀 다양한 재능이 발견될 수가 없다. 그러므로 단순히 학교 공부를 잘하고 시험을 잘 보는 아이가 영재라고 할 수는 없다. 물론 학교 공부를 잘한다는 것이 아이의 인생에서 출세의 길로 나아가는 데 많은 도움이 되는 것은 사실이다. 그러나 일률적으로 아이들을 줄 세우고 그것에 맞춰 서열화하는 교육은 아이들을 망치고 가정을 망치고 사회를 망치는 길이다. 그렇기 때문에 아이의 교육을 책임지고 있는 학부모들이 교육 체제에만 무조건 맡겨놓으면 책임을 회피하는 것이다.

그렇다면 국가와 사회를 믿고 아이들의 교육을 맡길 것인가, 아니면 독자적인 방안을 찾아 아이들의 교육을 책임지면서 사회의 협력을 얻을 것인가? 먹고살기도 바쁜데 우리가 어떻게 아이의 교육을 주관할 수 있다는 말인가? 나는 실력도 물질도 부족해서 내 아이의 교육을 사회에 맡기는 것 이외에는 도저히 아무것도 할 수 없다고 한다면 아이들은 영재에서 둔재로 전락할 것이다.

학부모들은 누가 무어라 하건 내 아이는 영재라는 확신을 가지고 교육에 임해야 한다. 아이들이 가진 천부적인 능력은 무궁무진하고 그 잠재력은 폭발적이어서 하버드 공부법에서 말하는 대로 공부하도록 만든다면 틀림없이 아이는 영재성에 꽃을 피우고 큰 인재로 자라날 것이다.

학습을 즐기도록 만들어라

하버드 공부법에서 제일 중요한 것은 아이들이 학습 자체를 즐기게 만드는 것이다. 물론 말이 쉽지 사실상 가장 어렵다는 것을 잘 안다. 아이들이 공부하라고 하면 얼마나 지겨워하고 힘들어하고 산만해지는지를 잘 안다. 그렇다고 옛날처럼 회초리로 때려가면서 공부를 시키던 시절은 지나가버린 지 오래다. 요즈음 공부 안 한다고 자식들을 때렸다가는 아이들이 바로 경찰서에 신고해 부모들을 잡아가게 만드는 세상이다.

그렇다면 어떻게 내 아이들이 공부 자체를 즐기는 인간으로 변화시킬 것인가? 이 문제는 정말이지 해결하기 힘든 난제다. 조선시대에는 책을 한 권 뗄 때마다 거창하게 책거리를 해줌으로써 면학 의욕을 북돋아주었다. 하지만 요즘같이 무지막지한 경쟁사회에서는 초등학교 시절부터 아이들이 방과 후 학원을 최소한 5군데 이상 다닌다. 심지어 학원을 9군데 이상 다니는 초등생들을 심심찮게 보면서 그 아이들이 너무나 불쌍하다는 생각이 들었다. 그 아이들의 소망은 그저 실컷 자는 것이고 학원을 조금만 다니는 것이었다.

미술을 좋아하는 아이들은 미술학원에 가면 시간 가는 줄 모르고 자신의 독창적인 그림을 그리고 또 그려도 싫증을 내지 않는다. 피아노에 미쳐 있는 아이는 피아노를 칠 때 세상에서 가장 행복해한다. 아마 공작을 즐기는 아이들은 공작을 하면서 자신의 소질을 마음껏 드러낼 것이다. 정말 책 읽기를 좋아해서 초등학교 시절 이미 수백 권의 동화책과 문학책을 읽고 문인의 꿈을 키우는 아이도 있다. 어떤 아이는 영어를 너무 좋아해 유아 시절부터 듣고 말하며 읽고 쓰고 하더니 6학년이 되었을 때 미국 SAT I에서 1,550점(영·수 1,600점 만점)을 맞는 것도 보았다.

이뿐만이 아니다. 아이들은 하고 싶은 공부나 특기 활동, 좋아하는 책 읽기를 마음껏 하면 누구보다도 행복해하고 학교 공부도 열심히 하며 성장해갈 것이다. 하지만 억지로 틀에 맞춰 많은 학원을 보내 아이들을 질식시키는 것은 아이들이 공부에 염증을 느끼고 수동적인 인간으로 만들어 장래 아무것도 할 수 없는 어리석은 자로 만드는 대단히 위험한 착상임을 알아야 한다.

그런데 학부모들 중에는 이런 질문을 던지는 분이 있다. "내 아이는 근본적으로 공부를 좋아하지 않고 컴퓨터 게임에 미쳐 있어

도무지 어찌할 도리가 없어요." 이런 문제는 사실상 아이들이 안고 있는 매우 심각한 문제로, 그들의 컴퓨터 게임 중독 현상은 사회적인 이슈가 된 지 오래다. 사회도 아직 해결 방안을 마련하지 못한 심각한 문제다. 여기서는 학부모들이 따뜻한 사랑과 이해의 마음을 가지고 전문가적인 치료와 상담, 아이들이 관심을 다른 데로 돌릴 수 있도록 학부모가 함께하는 치료 프로그램을 받기를 권하는 것이 가장 바람직하다.

지금까지 말한 현실을 살펴보면 해결책의 윤곽이 나타날 것이다. 첫째, 아이들은 학교 공부와 사교육, 학습지 공부와 특기 연마, 독서 등으로 지칠 대로 지쳐 있음을 알아야 한다. 즉, 아이들이 현재 하고 있는 학습량을 최소화하라! 아이들에게 자기 능력의 200~500퍼센트를 발휘하도록 억지로 내모는 것은 아이들에게 큰 죄악을 저지르는 짓이다. 그런 아이들은 성장하면서 학습에 부담을 심하게 느끼고 좌절감에 허덕이게 될 것이다. 당장 자기 능력의 50~60퍼센트만을 발휘하도록 학습량을 대폭 줄여야 한다. 그러면 이렇게 말하는 분도 있다. "다른 아이들은 9군데 학원에 다니고 학습지 공부, 예체능 공부, 어학 공부를 일주일 내내 하는데, 내 아이만 느긋하게 공부를 시키면 결국 낙오가 되어요."

이처럼 어리석은 생각이 또 있을까? 지금 그런 아이들은 미래가 없고 인생이 비참해질 가능성이 거의 99퍼센트다. 그럼 그런 망하는 길로 내 아이를 이끌고 가야 할 것인가? 나는 서울대 법대를 수

석으로 합격했지만 1년 만에 유급하고 자살한 학생의 기사를 읽고 참으로 가슴이 아팠던 기억이 있다. 이 학생은 초등학교 시절부터 학교와 학원과 개인 과외로 철저히 무장해 전교에서 1등을 놓친 적이 없었고, 그 어려운 서울대 법대에도 수석으로 입학했다고 한다.

그런데 학교에 진학하자마자 그동안 억눌려 있던 자기 계발과 능동적인 공동체 참여의 욕망이 폭발해 여러 개의 서클에 가입하고 각종 도서를 남독하다 보니 도저히 학교 공부를 따라갈 수 없었다. 이 얼마나 비극적인 일인가? 자신뿐만 아닌 가족과 사회 모두의 비극이자, 우리 교육 제도가 안고 있는 근본적인 문제점을 여실히 드러낸 충격적인 사건이었다. 다시 한 번 이야기하지만 학교 공부를 중심으로 한두 과목 정도 자신이 꼭 하고 싶은 과목만 학원에 가거나 과외를 받고 예체능도 아주 단순화해 체육 혹은 예능 한 과목 정도를 즐길 수 있게 해주고 나머지를 일제히 정리해야 한다.

둘째, 아이들이 공부 자체를 즐기게 하기 위해서는 기계식 암기 학습법이나 수준 높은 선행 학습을 시키지 말고, 수준에 맞되 약간 어려운 수준을 자신이 주도적으로 학습할 수 있게 해야 한다. 이때, 철저히 원리 이해와 반복 숙달의 방법을 통해 학습에 흥미를 느끼고 성취감을 높여나가야 한다. 아이들은 자기가 깨닫지 못한 것을 억지로 암기하는 공부를 몹시 싫어한다.

사람의 두뇌는 이성적 능력을 기반으로 근본적으로 원리 이해를 통해 문제를 해결하고 상당한 반복 학습을 통해 암기하게 되어 있다. 그런데 이물질을 두뇌에 강제로 쑤셔 넣는 것과도 같은 암기 방식의 공부는 아이들을 질리게 만들고 학습 자체에 염증을 느끼게 만든다.

우리는 인간의 두뇌 구조가 암기에 적합한 것이 아니라 이해에 따라 암기될 수 있다는 것을 알게 되었다. 영어의 단어에 순수한 앵글로색슨어는 그리 많지 않고 주로 라틴어, 그리스어, 프랑스어, 아랍어 등 외국어에서 온 단어가 많아 그 구성 원리를 알면 쉽사리 외울 수가 있다.

한국어도 마찬가지여서 주로 한자어에서 형성된 숱한 단어를 무조건 암기시키는 것은 아이들을 괴롭게 하고 학업 자체를 멀리하게 만드는 매우 어리석은 공부법임을 알아야 한다. 그러므로 아이들에게 모든 학문의 기초 원리를 가르치며, 한 원리를 철저히 이해하고 그 원리에서 다른 원리가 이어지는 기초에 충실하면서도 흥미를 유발시키는 학습을 시키는 것이 아이들이 공부에 몰두하게 하는 길이다.

셋째, 아이들이 학습 자체를 즐기게 만드는 방법은 일정한 과정이 끝날 때마다 상당한 보상이 주어진다는 기대를 가지고 공부와 보상의 재미를 동시에 즐기게 만드는 것이다. 이 방법은 물론 책거리와 비슷하지만 아이들에게 맞게 놀이공원을 데리고 간다든지 음악회나 국악 공연을 간다든지, 아니면 프로야구나 프로축구 등 아이들이 좋아하는 운동경기를 보러 갈 수도 있다.

아이들에게 적합한 보상책으로 도서 또는 상품권 등을 준다든지 아주 큰 보상으로는 해외여행을 시켜준다든지 하는 것도 매우 큰 동기부여가 될 것이다. 이런 방법이 혹시라도 사행적이라고 생각 한다든지 아이들의 성장에 나쁜 영향을 줄 것이라고 예단하는 우를 범하지 마시라. 아이들이 학습 자체에 재미를 느끼게 만들 수 있다면 어떤 방법을 구사하든 아이들의 장래를 위해 유익할 수 있다.

초등 시절부터 독서에 재미가 붙도록 유도하라

사실상 학습이란 독서 교육이라고 보면 된다. 독서 자체가 남이 써놓은 정보를 자신의 안목으로 읽는 것이기에 무엇인가를 읽는다는 것은 그 자체가 아주 중요한 정보화 작업이면서 동시에 자신이 이룩한 정보 체계에 더욱 신선한 자료들을 계속 공급한다는 것을 의미한다. 하지만 매일같이 쏟아지는 숱한 책들과 정보의 홍수 속에서 과연 우리는 어떤 책을 내 아이에게 읽혀야 하는가 하는 문제에 부딪히면 좀 당황할 수밖에 없다.

대체 어떤 책이 좋은 책인가 하는 문제는 사람마다 답이 다를 수 있지만, 문제는 나의 아이들이 좋아하는 책이 과연 좋은 책인가 하는 문제에 부딪히면 막상 대답할 방법이 없다는 것이다. 우리 아이가 만화책을 좋아해 수천 권을 읽는다고 해도 그것이 아이의 장래에 어떤 도움이 되겠는지는 명약관화하기 때문이다. 악서惡書들을 아무리 많이 읽힌들 아이들의 성장과 미래에 아무 도움도 될 수 없을 것이다.

초등학교 시절부터 독서는 가급적이면 고전 교육에 치중하는 것이 좋다. 국어로 된 책뿐만 아니라 영어로 된 책도 마찬가지다. 초등학교 시절부터 중학교를 거쳐 고등학교에 이르기까지 아이들이 반드시 읽어야 할 인류의 고전 목록을 밝히고 이 책들을 어떻게 읽게 만들 것인지를 강구하여 아이들의 독서지능을 높이기에 힘써야 한다. 하버드대학을 중흥시킨 위대한 총장 윌리엄 엘리엇이 고전 교육을 중시하고 하버드생뿐만 아니라 일반인들에게까지 고전 독서를 강조하여 당대에 미국 지성의 수준을 한 단계 높인 것은 이미 잘 알려진 사실이다.

이제부터는 실질적인 고전 독서의 방법론을 기술해나갈 것이다. 물론 이런 종류의 책에 대한 독서와 독서 방식이 반드시 내 아이에게 맞는다는 보장은 없다. 그렇다고 해도 이런 방법을 구사했을 때 얻어지는 유익함은 실로 엄청날 것이다. 그러니 한번 시도하고 볼 일이다.

무슨 책을 읽었느냐에 따라 아이들의 장래가 달라진다

독서란 남의 글을 통해 자기 사고를 하는 것이다. 따라서 내용을 이해하지도 못하면서 기계적으로 무조건 많이 읽는 것은 능사가 아니다. 독서 후 내용을 물어보면 도대체 무슨 내용을 읽었는지 기억을 못 하는 아이들이 많다. 이런 독서는 아이들의 창의력과 사고력을 길러주지 못하고 시간과 노력을 허비할 뿐이며 결국 아이들이 독서에 흥미를 잃게 만든다.

고전을 골라 읽히되 만화책, 판타지물, 베스트셀러 등은 가급적 삼가야 한다. 아이들은 독서를 통해 주로 재미를 얻고자 한다. 물론 이것이 나쁜 생각은 아니다. 그러나 만화책, 판타지물, 베스트셀러 등은 아이들의 장래에 큰 도움을 주지 못한다. 즉흥적이고 감각적인 내용들은 아이들이 문제에 대해 사고하고 인간과 자연을 이해하고 사유하는 인간으로 만들기보다 그저 사물에 대해 일차원적으로 반응하는 인간을 만들 뿐이다. 어려서부터 제대로 된 고전을 골라 읽으면서 작품이 주는 심원한 의미를 이해하고 풍부한 감성과 이성적 사유 능력을 동시에 기르도록 잘 지도해야 한다.

또한 많은 책을 급하게 읽는다고 아이들의 독서지능이 발달하고 정서를 함양할 수 있는 것이 아니다. 왜냐하면 책의 내용을 곱씹어 삼키지 않고 그저 주마간산 식으로 읽으면 남는 것은 없고 그저 피로와 자기만족에 빠지게 된다. 그래서 조선의 대학자 율곡 이이는 그의 명저 『격몽요결』 「독서」에서 이렇게 말했다. "무릇 책을 읽을 때는 반드시 한 가지 책을 숙독해서 그 뜻을 모두 알고 완전히 통달해 의문이 없게 된 뒤에 다른 책을 읽을 것이요, 많은 책을 읽어서 많이 얻기를 탐내 힘써 이것저것 읽지 말아야 한다."

고전의 중요성을 인식하고 당연히 읽혀야 한다

고전은 인류의 유산이요 시공을 초월한 대표작이다. 시세에 영합하고 재미가 있는 책은 이른바 베스트셀러로서 출판사와 저자에게 많은 돈을 벌어주기는 한다. 그러나 그 베스트셀러가 과연 10년 뒤에도 살아남아 우리 서가에서 볼 수 있을까? 아마도 대다수의 책들은 한 10여 년만 지나면 우리의 시야와 기억에서 완전히 사라질 것이다. 우리가 오늘날 고전이라고 일컫는 책들은 그 내용의 유익함이 시공을 초월하여 인류와 함께 살아남았고 또 앞으로도 살아남을 것이다.

고전에는 인간의 지혜와 사상과 정서와 온갖 교훈으로 가득 차 있다. 그렇기 때문에 아이들이 즐겨 읽는 만화책이나 판타지보다도 수천 배 아니 비교할 수 없을 정도의 가치가 있는 책이다. 어린 시절 나는 셰익스피어의 4대 비극을 읽고 '도무지 재미없는 책이군' 하고 무시한 적이 있었다. 그러다 본격적으로 영문학을 공부하면서 20~30대에 그 책을 읽었을 때 '참 대단한 책이로군' 정도로 인식했다. 그러다 40대가 지나 50대가 되니 그 책의 위대한 가치를 비로소 인식하게 되었다. 왜 영국이 인도와 셰익스피어를 바꾸지 않겠다고 했는지 이해하게 된 것이다. 고전이란 그런 것이다.

조선시대에는 왕뿐만 아니라 원로대신들과 사대부, 젊은 성균관의 유생들부터 시골 서당의 학동들까지 고전인 사서삼경을 다 함께 읽고 외우며 살아갔다. 그 책들의 가치가 나이와 학식의 차이를 다 뛰어넘는 절대적인 것이었기 때문이다. 오늘날에는 정보가 홍수를 이루고 나날이 막대한 서적들이 쏟아지지만 여전히 내 아이에게 어떤 고전을 어떻게 읽히느냐가 중요하다. 교육을 위해 온 가족이 지방에서 서울로, 서울 변두리에서 강남 8학군으로 이사 다니며 현대판 맹모삼천지교를 실천할 필요가 없는 것이다.

고전 교육의 중요성을 알 수 있는 또 다른 예로 하버드대학 이외에 미국의 세계적인 대학인 시카고대학을 들 수 있겠다. 설립 초기 삼류 대학에 불과했던 시카고대학은 허친슨 총장의 '고전 100권 읽기 운동' 이후 고전 속에서 미래의 꿈과 비전을 발견한 학생들이 무모할 만큼 엄청난 도전을 거듭해 결국 세계적인 명문대학으로 거듭났다. 아이비리그 못지않은 인재를 양성하고 그들이 찬연한 학문적 업적을 이루어 85명의 노벨상 수상자와 44명의 로즈 장학생 배출이라는 놀라운 결과를 가져왔다는 사실을 우리는 기억해야 한다.

부모도 아이와 함께 고전을 읽어라

아이들은 부모와 함께 책을 읽을 때 강한 동질감을 느끼고 독서에 매진할 수 있다. 부모들이 자신은 책을 안 읽으면서 아이들에게 책을 읽으라고 말하면 잔소리로 여기고 별로 행동하고 싶은 욕구를 느끼지 못한다. 왜냐하면 아이들은 부모를 그대로 닮기 때문이다. 그래서 아이는 어른의 거울이라는 말이 있는 것이다. 우리 부모들이 아이들과 책을 함께 읽으면서 대화를 하면 아이들은 매우 즐거워하고 부모와 하나가 된다는 일체감을 강하게 느끼게 된다.

그럼으로써 더욱 부모와 정신적으로 일치되는 느낌을 가지게 되어 정서적으로도 매우 안정된 상태를 유지하게 되는 것이다. 그러나 여기서 특히 주의할 것은 독서를 함께해도 아이들을 일방적으로 가르치거나 부모의 생각을 주입시키려고 해서는 안 된다는 점이다. 주인공은 어디까지나 아이들이고 부모는 보조자일 뿐임을 명심해야 한다. 다시 말하면 부모는 아이들이 고전 독서를 통해 스스로 느끼고 사고하고 깨닫도록 유도할 뿐 부모의 느낌과 생각을 주입시켜서는 안 된다.

아이와 부모가 함께 대니얼 디포의 『로빈슨 크루소』를 읽고 난 뒤에 나누는 가상 대화를 참고하자.

"그래, 이 책을 읽고 난 소감이 어때?"

"좀 어려웠어요. 하지만 재미있고 유익했어요."

"그래? 어떤 점에서 재미가 있었니?"

"로빈슨 크루소가 막막한 상황에서 문명사회에서 배운 지식을 토대로 무인도에서 새 삶을 개척해나가는 과정이 재미있었어요."

"음, 좋은 생각이야. 어떤 점에서 유익했니?"

"음, 우리가 아무리 어려운 상황에 처해도 살아날 길이 있다는 것을 배웠어요."

"만일 네가 이런 상황에 부딪히면 어떻게 할래?"

"저는 먼저 불을 피울 수 있는 길을 찾을 거예요."

"그래? 그거 참 좋은 생각이야. 왜 불을 피워야 하는데?"

"무인도에서 동물이나 물고기를 잡아먹고 살아야 하는데 날것으로 먹으면 매우 위험하다고 배웠거든요."

"먹는 건 그렇다 치고 잠자리는 어떻게 할 건데?"

"제 생각에는 무인도에서 우선 동굴을 찾아야 할 것 같아요."

"왜 동굴을 찾을 생각을 했지?"

"원시인들은 동굴 생활을 했는데 이것을 혈거 생활이라고 역사 시간에 배웠어요. 엄마 같으면 어떻게 잠자리를 해결하셨을까요?"

(아이의 기습적인 질문에 속으로는 당황하겠지만 겉으로는 태연하게 말한다.)

"음, 나 같으면 그때의 기후에 따라 잠자리를 해결했을 거야. 즉 그때가 무더운 여름이었으면 삼나무 줄로 흔들의자를 만들어 나무에 걸고 잤을 거야. 그러나 그때가 가을이나 겨울이었으면 동굴을 찾아 우선 추위를 피하고 불을 피워 몸을 따뜻하게 했겠지."

"아, 제가 기후를 생각하지 못했네요."

"아냐, 네가 참 독서를 잘하고 의견도 잘 표현했어. 그럼 대강의 줄거리를 독서 노트에다 기록할 수 있겠지?"

"네, 할 수 있어요."

"자, 그럼 오늘의 고전 독서상은 3,000원짜리 상품권이다."

"야아! 정말 고마워요, 엄마!"

독서 노트의 예

독 서 노 트		No.	
책 이름		지은이	
출간일		출판사	
지역		분야 / 쪽수	

책 내용 /
질문 사항

평가   (서명)

고전 읽기는 가장 효과적이고 이상적인 학습법이다

고전 읽기는 모든 학습의 기초인 국어 성적을 가장 빠르고 효과적으로 향상시켜준다. 교육에서 아마 가장 중요한 과목은 모국어를 제대로 읽고 쓰고 듣고 말하기를 가르치는 국어 교육일 것이다. 아이들이 제 나라 말인 국어를 처음에는 별로 신경을 안 쓰다가 막상 학교 시험이나 모의고사나 수능 시험 등에서 국어 성적을 받아보고 기막혀하는 경우가 왕왕 발생한다. 그렇다고 학원 강의나 과외를 받고 문제집을 아무리 풀어봐도 도무지 성적이 오르지 않는 과목이 바로 국어다.

국어 공부에서 가장 힘든 부분이 바로 어휘력 획득이다. 우리말은 순수한 우리말도 있지만 한자로 이루어진 어휘가 많아 매우 난해하다. 그런데 이런 어휘를 순전히 학교 공부나 학원 공부를 통해 획득한다는 것은 지극히 어렵고도 어리석은 일일 것이다. 왜냐하면 어려서부터 독서를 통해 어휘력을 꾸준히 늘려가야지 갑자기 국어를 집중적으로 공부한다고 해서 어휘력이 늘진 않는다.

국어 공부에서 어려운 부분이 작문인데, 자신의 생각을 뚜렷하게 밝힐 수 있는 표현력이 있어야 한다. 이 표현력은 이미 획득해서 자기 것으로 만든 어휘력을 전제하는 것이다. 아름다운 경치를 보고 표현할 언어 구사력이 없다면 그 사람은 국어 능력이 부족한 것이다. 평소 고전을 꾸준히 읽은 아이는 고전을 읽으면서 획득한 다양한 어휘력과 함께 있는 표현력을 갖추게 된다. 그러니 작문에 대해 두려워하는 것이 아니라 스스로 무엇인가를 표현하지 않으면 견딜 수 없는 지경에 이르게 되는 것이다.

평소 고전 독서를 게을리하지 않은 사람은 고전에서 다양한 어휘력과 표현력을 배우고 고전 작자들의 심원한 사유와 방대한 지식, 고매한 인품의 영향을 받아 사고하고 창조하는 주체로서 능력을 개발해나갈 수 있다. 이것을 학교 공부에 적용하면 고전 독서 과정에서 아이의 독서지능이 점점 높아짐에 따라 국어 공부에서 탁월한 실력을 발휘할 수 있다. 또 모든 교과목에서 탄탄한 독해력, 사고력, 표현력을 발휘해 큰 인물로 성장할 수 있는 기반이 성립되는 것이다.

초등학교 시절에 반드시 읽혀야 할 고전

* 1학년

	제목	저자	출판사
1	아낌없이 주는 나무	셸 실버스타인	시공주니어
2	이솝 이야기	이솝	어린이 작가정신
3	개구리와 두꺼비는 친구	아놀드 로벨	비룡소
4	행복한 왕자	오스카 와일드	어린이 작가정신
5	무서운 호랑이들의 가슴 찡한 이야기	이미애	미래아이
6	꿈을 찍는 사진관	강소천	삼성출판사
7	화요일의 두꺼비	러셀 에릭슨	사계절
8	나쁜 어린이 표	황선미	웅진주니어
9	우리 마음의 동시	김승규(엮은이)	아테나

10	밤티마을 큰돌이네 집	이금이	푸른책들
11	마법의 설탕 두 조각	미하엘 엔데	소년한길
12	세종대왕	김영근	주니어랜덤
13	안데르센 동화	안데르센	그린북
14	찰스 디킨스	찰스 디킨스	그린북
15	하느님이 우리 옆집에 살고 있네요	권정생	산하
16	호두까기 인형	호프만	시공주니어

	제목	저자	출판사
1	꽃들에게 희망을	트리나 폴러스	시공주니어
2	슈바이처	정지아	주니어랜덤
3	어린이 사자소학	엄기원(엮은이)	한국독서지도회
4	어린이를 위한 우동 한 그릇	구리 료헤이	청조사
5	엄마 마중	겨레아동문학연구회	보리
6	로테와 루이제	에리히 캐스트너	시공주니어
7	내 이름은 삐삐 롱스타킹	아스트리드 린드그렌	시공주니어
8	플랜더스의 개	위다	비룡소
9	파브르 식물 이야기	장 앙리 파브르	사계절
10	우리 마음의 동시	김승규(엮은이)	아테나
11	이상한 나라의 앨리스	루이스 캐럴	인디고

12	심청전	김예선	한겨레아이들
13	15소년 표류기	쥘 베른	삼성출판사
14	오세암	정채봉	샘터
15	샬롯의 거미줄	엘윈 브룩스 화이트	시공주니어
16	토끼전	장주식	한겨레아이들
17	마틸다	로알드 달	시공주니어

* 3~4학년

	제목	저자	출판사
1	키다리 아저씨	진 웹스터	인디고
2	장애를 넘어 인류애에 이른 헬렌 켈러	권태선	창비
3	명심보감	추적	홍익출판사
4	장발장	빅토르 위고	삼성출판사
5	피노키오	카를로 콜로디	시공주니어
6	오즈의 마법사	L. 프랭크 바움	인디고
7	톰 소여의 모험	마크 트웨인	시공주니어
8	정글북	J. R. 키플링	대교출판
9	임진록	김종광	창비
10	100년 후에도 읽고 싶은 한국 명작 동시	한국명작동시 선정위원회	예림당
11	100년 후에도 읽고 싶은 세계 명작 단편	오 헨리 외	예림당

12	파브르 곤충기	파브르	현암사
13	홍당무	쥘 르나르	삼성출판사
14	옹고집전	박철	창비
15	사랑의 학교 1·2·3	E. 아미치스	창비
16	안네의 일기	안네 프랑크	지경사
17	별	알퐁스 도데	인디북
18	피터 팬	제임스 매튜 배리	시공주니어
19	춘향전	정지아	창비
20	사씨남정기	하성란	창비
21	갈매기의 꿈	리처드 바크	현문미디어
22	소나기	황순원	맑은소리
23	소학	주희·유청지	홍익출판사
24	박지원 단편집	이영호	계림
25	안중근	조정래	문학동네
26	80일간의 세계 일주	쥘 베른	시공주니어
27	홍길동전	김진섭	깊은책속옹달샘
28	열하일기	이명애	파란자전거
29	빨간 머리 앤	루시 모드 몽고메리	인디고
30	탈무드	마빈 토카이어	인디북스
31	어린왕자	생텍쥐페리	인디고
32	로빈슨 크루소	대니얼 디포	대교출판

	제목	저자	출판사
33	우리들의 일그러진 영웅	이문열	다림
34	박씨전	손연자	대교출판
35	아인슈타인과 과학 천재들	앤드 스튜디오	중앙북스
36	오 헨리 단편선	오 헨리	인디북
37	흥보전	정종목	창비
38	전우치전	김남일	창비
39	팔려가는 발발이	겨레아동문학 연구회	보리
40	세 발 달린 황소	겨레아동문학 연구회	보리

* 5~6학년

	제목	저자	출판사
1	15소년 표류기	쥘 베른	비룡소
2	80일간의 세계일주	쥘 베른	열림원
3	갈매기의 꿈	리처드 바크	현문미디어
4	걸리버 여행기	조너선 스위프트	비룡소
5	구운몽	김만중	민음사
6	꽃들에게 희망을	트리나 폴러스	시공주니어
7	나의 라임오렌지나무	J. M. 바스콘셀로스	동녘
8	난중일기	이순신	서해문집
9	임진록	김종광	창비
10	논어	공자	휴머니스트
11	돈키호테	세르반테스	예림당

12	동물농장	조지 오웰	현암사
13	로빈슨 크루소	대니얼 디포	시공주니어
14	명상록	마르쿠스 아우렐리우스	인디북
15	목민심서	정약용	파란자전거
16	바보 이반의 이야기	톨스토이	창비
17	베니스의 상인	셰익스피어	민음사
18	비밀의 화원	프랜시스 호지슨 버넷	시공주니어
19	성경		성서공회
20	사기열전	사마천	민음사

중·고등학생을 위한 고전도서 추천 목록

	제목	저자	출판사
1	홍길동전	허균	현암사
2	열하일기	박지원	돋을새김
3	삼국유사	일연	서해문집
4	상록수	심훈	문학과지성사
5	님의 침묵	한용운	민음사
6	구운몽	김만중	현암사
7	목민심서	정약용	풀빛
8	춘향전	작자 미상	신원문화사
9	성학십도	이황	풀빛
10	무정	이광수	문학과지성사

영어를 모국어 수준으로 구사하도록 만들어라

오늘날 한국 사회의 공교육에서 영어의 중요성이 점점 낮아지는 이상한 현상이 빚어지고 있다. 상류층 아이들이 영어 교육에 집중하여 원어민 수준의 영어를 구사하는 반면 중·하류층의 아이들은 영어 교육에 치중해도 상대적으로 열세에 몰리는 불평등성을 지양하려는 정부의 교육정책 때문일 것이다. 게다가 전 국민이 지나치게 영어 교육에 올인하면 친미사대의 열풍이 들불처럼 번질까봐 두려워 정책적으로 영어 과목의 중요성을 낮추도록 한 것이라고 생각된다. 참으로 한 치 앞을 못 내다보는 근시안적이고 무지한 정책이라 비판하지 않을 수 없다.

그동안 해외 유학이나 영어 교육에 대해 손을 놓다시피 했던 일본마저도 영어 교육의 열풍이 불고 있다. 중국과 동남아시아는 말할 것도 없고, 중동 지방과 스칸디나비아, 아프리카 지역마저 영어 교육의 중요성을 깨닫고 국책적 차원에서 영어 교육에 올인하고 있다. 오늘날 국가 간의 무한 경쟁은 이제 국민들이 얼마나 영어를 잘하느냐 못하느냐에 그 운명이 달려 있다. 사회의 경제경영, 기술, 컴퓨터와 통신, 군사와 우주과학 등 모든 방면에서 영어가 국제 공용어로 쓰이고 있는 현실을 직시해보라! 국제 사회의 이 치열하다 못해 살벌하기까지 한 현실에서 이렇게 교육 당국이 무책임하게 영어 교육을 공교육에서 하대한다면 그 결과가 어찌 될 것인가 말이다.

그런데 영어 못지않게 이 시대에 공부할 중요한 언어는 중국어가 될 것이다. 과거 중국과 국교가 열리기 전부터 중국 시장에 대한 기대는 대단했다. 13억 명에게 볼펜 한 자루씩만 팔아도 큰 부자가 될 수 있지 않겠나 하는 말도 안 되는 망상을 했다. 이제 전 세계 경제가 중국인들의 소비와 투자가 아니면 망하기 십상이 되었고 정치, 경제뿐만 아닌 학술과 문화에 이르기까지 중국과의 교류는 너무도 빈번해져가고 있는 현실이다.

그래서 지금은 미국보다 중국으로 유학 가는 학생 수가 더 많으며, 중국은 이제 한국이라는 경제 파트너를 극복하고 미국마저 추월하는 중국몽을 이루기 위해 힘쓰고 있다. 따라서 중국어를 모국어 수준으로 구사할 필요가 절실한 형편이다. 그러나 여기서는 우선 순서에 따라 우리 아이가 영어를 마스터할 수 있는 비결이 무엇인지를 살펴보고 나서 중국어로 넘어가기로 하자.

내 아이 영어 마스터 만들기 작전 1 : 파닉스 교육에 치중하라

영어를 잘하려면 우선 영어 발음을 정확하게 듣고 말하는 훈련을 해야 한다. 영미 본토인들도 영어를 배울 때 마찬가지의 과정을 겪는다. 특히나 한국 사람들은 음성학적으로 영어와 도저히 부합할 수 없는 발음들을 극복해야 한다. 예를 들자면 한국어 발음으로는 그 차이를 표기할 수 없는 자음과 모음들에 대해 원어민 발음을 수백 번 들어가면서 익혀야 한다. 발음이 일단 두뇌 속에 정착하면 다시 바꾸기가 몹시 힘들기 때문에 처음부터 정확하게 듣고 말하는 것이 너무도 중요하다.

1. 자음 b, v, p, f, l, r, θ, ð에 주의해서 집중적으로 연습하라

한국인으로서 가장 어려운 발음은 아마 이 여덟 자음일 것이다. 처음부터 확실하게 이 발음을 습득하지 않는다면 상대방의 말을 알아듣기도 어려울 뿐 아니라 정확하게 말하기도 어려울 것이다. 우선 발음 차이를 세심하게 들으면서 익혀야 한다. 한국 사람들이 쉽게 발음하는 말이 영미인들에게는 매우 알아듣기가 어려운 이유 중 하나가 이 발음이 완벽하게 구사되지 않기 때문이다.

자음 b, v

우선 쉬운 예로 한국인들은 'Very good'을 아무 생각없이 "베리 굿"이라고 발음한다. 그러나 우리가 쉽게 발음하는 "베리"는 '묻는다'를 뜻하는 'bury'다. 그러므로 이 말은 "아주 좋다"가 아니라 "잘 묻는다"가 되어버린다. 전혀 다른 뜻이다. 'bury'의 'b' 발음과 'very'의 'v' 발음은 아주 다르다. 'b'는 그저 두 입술 사이에서 나오는 소리다. 'v' 발음을 음성기호로는 옮기면 [v]이다. 이 발음은 윗니 앞의 안쪽 부분이 아랫입술을 살짝 물었다가 얼른 내려놓으면서 발음해야 한다.

자음 p, f

비슷한 사례가 'Fine, thank you!'에서도 보인다. 여기서 한국인들은 쉽게 "파인, 쌩큐!"라고 발음한다. 그러나 우리가 쉽게 발음하는 '파인'은 '소나무pine'다. 그러므로 이 말은 '좋습니다. 감사합니다!'가 아니라 '소나무, 감사합니다!'가 되어버린다. 'pine'의 'p' 발음과 'fine'의 'f' 발음은 전혀 다르다. 'p'는 두 입술 사이에서 나오는 소리다. 'fine'의 'f' 발음을 음성기호로 적으면 [f]이다. 이 발음은 앞 문단에서 다루었던 'v' 발음처럼 윗니 앞의 안쪽 부분이 아랫입술을 살짝 물었다가 얼른 내려놓으면서 발음해야 한다.

자음 l, r

이 두 발음은 다 한국인이 매우 어려워하는 발음이다. 한국어로는 둘 다 [ㄹ]로 들리겠지만, 이 두 발음은 영미인들에게 소릿값이 전혀 다르다. 우선 'lion'을 한 번 발음해보자. 우리는 생각 없이 그저

'라이언'이라고 표기하겠지만 이것을 한글로 정확하게 표기하자면 '을라이언'이라고 해야 할 것이다. 즉, 'l' 발음은 음성학적으로 설측음인데 잇몸의 앞부분에 닿아 있던 혀가 앞으로 탁 펼쳐지면서 나는 소리다. 그래서 'lion'을 발음할 때 [을라이언]의 앞부분 '을라'를 한 번에 힘껏 내뱉으면 'l' 발음에 근접할 수 있다.

'r' 발음은 한국인에게 그야말로 난처할 정도로 어려운 발음이다. 'You're right'를 우리는 "유어 라이트"라고 발음한다. 그러나 우리가 신경을 전혀 쓰지 않고 발음한 '라이트'는 사실상 원어민들의 귀에는 'light(가볍다, 빛)'로 들린다. 'r'을 발음할 때는 입을 벌리고 혀를 둥글게 만 다음 입천장을 향하되 그곳에 닿지 않게 주의하면서 세게 발음해야 한다. 원어민이 'right'를 발음하는 걸 자세히 들어보면 입을 크게 벌리고 혀를 말아 올리면서 입천장에 닿지 않은 채 힘껏 발음한다는 걸 알 수 있다.

자음 θ, ð

'think'와 'this'에서 보듯이 두 'th'는 치음으로서 소리가 나오는 조음기관은 비슷하다. 그러나 그 소릿값은 무성음과 유성음으로서 매우 다르다. 성대가 울리지 않고 나오면 무성음이고 성대가 울려 나오면 유성음이다. 두 소리를 발음할 때는 자기 손을 목의 성대에 대면서 연습한다. 그런데 두 소리는 다 치음이다. 치음은 윗니와 아랫니 사이에서 나오는 소리라는 뜻이다. 이 두 소리를 발음할 때는 우선 입을 벌리고 혀를 내밀면서 윗니를 살짝 혀에 대면서 긁듯이 발음한다. 이때 'this'의 'th' 발음은 [ð]로서 이것은 성대가 울리면서 발음한다. 그러나 'think'의 'th' 발음은 [θ]로서 이것은 성대가 울리지 않는다. 이 발음은 '쓰'도 아니고 '뜨'도 아니다. 우리에게는 대단히 어려운 발음이지만 부단히 연습하면 원어민 수준에 다가갈 것이다. 명심하자. 성대가 울려 나오면 [ð]이고 성대가 울리지 않으면 [θ]이다.

2. 모음 a /æ, i /i:, u /u:, ɔ /ɔ:, ə /ə:를 주의해서 집중적으로 연습하라

이런 모음을 발음할 때는 우리말 발음과 상당히 다르다는 것을 명심하고 입을 크게 벌릴 때는 위아래와 좌우로 크게 벌리고 턱을 내려야 할 때는 내려야 한다. 그리고 이런 원칙을 염두에 두면서 원어민의 발음을 완전히 익힐 때까지 듣고 따라서 발음해야 한다.

a / æ

이 두 모음에 대한 발음이 상당히 어려운 이유는 원어민의 발음과 우리 한국인의 발음이 근본적으로 다르기 때문이다. 우리는 'father'를 발음할 때 단순히 [파더]라고 발음하기 쉽다. 그러나 원어민의 발음을 자세히 들어보면 [파아더]라고 발음하는 것을 알 수 있다. 이것은 모음 'a'를 발음할 때 그들은 혀를 아랫니와 잇몸 사이에 두고 턱을 많이 내린 뒤에 입을 크게 벌리고 발음하기 때문이다.

모음 'æ'도 마찬가지다. 이것도 우리말의 [애]와 비슷하지만 [애]를 발음할 때보다 훨씬 턱을 많이 내린 뒤에 입을 크게 벌리고 발음하는 것을 알 수 있다. 이 발음 또한 혀를 아랫니와 잇몸 사이에 두고 발음해야 하는 것은 똑같다.

i / i:

단모음 'i'는 'it', 'milk' 등에서 보듯이 짧게 발음해야 한다. 여기서 짧다는 것은 혀가 아랫니와 아랫잇몸 윗부분 사이에 있다가 '이' 하고 짧게 발음하자마자 다음 소리로 넘어가야 한다는 것이다. 그래서 'milk'의 발음이 때로는 [밀크]가 아니라 [멜크]로 들리는 것이다. 긴모음 'i:'는 'sea', 'see'에서 보듯이 [이~] 하고 길게 발음해야 한다. 스펠링에 모음이 2개 이상 겹치면 대개 장모음이다.

u / u:

우리말의 [우] 발음과 영어의 [u] 발음은 근본적으로 차이가 있다. 한국어 [우]는 양 입술을 앞으로 내밀면서 발음하지만 영어 [u]는 혀가 아랫니와 아랫잇몸 가장 아래 사이에 있다가 입술을 앞으로 내밀면서 발음한다. 사실상 입의 뒷부분에서 나는 소리다. 'book'의 원어민 발음은 [북]이 아니라 [브으크]다. [u:]는 'boot'에서 보듯이 [우~]로서 장모음이다.

ɔ/ɔː

영어의 [ɔ] 발음은 우리말의 [오]와 [어]의 중간 정도 값이다. 이것도 [우]처럼 입 앞에서 나는 소리가 아니라 입 뒤쪽에서 나는 소리다. 즉, 혀끝이 아랫잇몸으로 많이 내려간 상태에서 발음하므로 약간 [어] 느낌이 든다. 하지만 중요한 것은 'because'를 발음할 때처럼 [비코우즈]로 발음하면 안 되고 끝까지 [비코즈]라고 해야 한다. 즉, [오우]라고 발음해 '우'를 삽입하는 실수를 범하지 말라는 뜻이다.

[ɔː]는 장모음으로서 [ɔ]를 길게 발음하면 된다. 그리고 스펠링에 'aw'로 되어 있는 부분은 거의 대부분 [ɔː] 발음이 난다. 예를 들자면 'law', 'awful', 'awesome' 등이다.

ə/əː

[ə]를 발음할 때는 [a]보다 입을 약간 더 오므린 상태에서 혀끝을 잇몸 아래 방향으로 움직이며 [어] 하고 발음한다. 'today'에서 'o' 부분이 바로 [ə] 발음이다. 그러므로 이 말은 [투데이]가 아니라 [터데이]다. 그런데 'ə' 뒤에 'r'이 붙은 [ər]은 미국 영어에서는 반드시 'r' 발음의 잔음이 남아야 한다. 즉, 'father'에서 'er' 부분은 [파아아더ㄹ]라고 발음해야 한다. 그러나 영국식 영어는 잔음 'r'을 생략한다.

발음 'əː'는 중설모음으로서 혀의 중간 부분에서 나오지만 혀가 특별한 위치를 찾아갈 필요는 없다. 턱은 아래로 내리고 입술을 둥글게 말지 않고 편안하게 이완시킨 상태에서 혀를 약간 뒤로 내리고 혀끝은 아랫니 뒤끝에 닿을락 말락 하면서 [어]를 발음하면 된다. 단어 'bus'를 이렇게 발음해보면 무난히 '버스'로 들린다.

3. 파닉스를 공부할 때 특별히 주의할 사항

평소에도 혀끝을 아랫니와 아랫잇몸 사이에 두는 것이 좋다. 한국 사람들은 영어를 발음할 때 혀가 윗니와 윗잇몸 사이에 붙어 있어 영어 발음에 서투르다. 영어 발음은 혀끝이 입안의 네 위치를 모두 움직이며 소리를 낸다. 그러므로 영어를 발음할 때 각 모음과 자음의 혀 위치를 기본적으로 머리에 입력시킨 후 정확하게 발음해야 원어민 발음에 가까워진다.

혀의 위치

제1위치	아랫니와 아랫잇몸 사이
모음	ər을 제외한 모든 모음(이중모음 포함)
자음	p, b, k, g, f, v, s, z, m, h, j, w
주의	이중모음 ai를 발음할 때는 a 위치에서 i 위치로 이동한다. 즉, 모든 이중모음은 첫 모음 후에 그다음 모음으로 이동한다. 이때 이중모음은 한 모음으로서 전체 위치는 제1위치에서 전혀 변하지 않는다.
제2위치	윗니와 아랫니 사이
모음	없음
자음	θ ð

제3위치	입안 공간
모음	ər계열 모음
자음	r, ʃ, ʒ
주의	혀끝은 입안의 어느 부위에도 닿지 않아야 한다.
제4위치	윗잇몸
모음	없음
자음	t, d, ʧ, dʒ, n, l
주의	혀끝이 윗니에 닿지 않아야 한다.

영어는 우리말처럼 단어 하나를 한 덩어리로 발음하지 않고 한 음절 단위로 발음한다. 이때 각 단어는 가장 강하게 발음하는 부분(제1강세)과 적당히 강하게 발음하는 부분(중강세)과 약하게 발음하는 부분(약세)로 나뉜다. 강세 패턴은 모두 8가지다.

강세 패턴

2음절	강약(예: sunny **써**-니) 약강(예: obtain 업-**테인**)
3음절	강약약(예: autopsy **오**~-탑~-시) 약강약(예: idyllic 아이-**딜**-릭) 중약강(예: marinade 매-리-**네이드**)
4음절	강약약약(예: melancholy **메**-런-카-리) 약강약약(예: debauchery 디-**바**~-처-리) 중약강약(예: designation 데-지그-**네이**-션)

4. 억양을 철저히 연습하라

단어의 강세를 익힌 다음에는 문장의 억양을 정확하게 익혀서 발음해야 한다. 아무리 문법이 완전하고 단어의 강세가 완벽해도 음의 억양이 완벽하지 않으면 매우 어색하며 정확한 의미가 전달되지 않는다. 억양은 올라가는 것과 내려가는 것 2가지밖에 없다. 이 억양은 '의문, 진술, 놀람, 불신, 냉소, 간청' 이렇게 5가지 패턴이 있는데, 음의 높낮이는 말하는 사람의 기분이나 태도를 드러낸다. 억양은 다음과 같은 특징이 있다.

억양의 특징

- 대체로 명사는 억양이 높고 다른 품사는 억양이 낮다.
- 억양 악센트를 사용해 문장의 핵심을 드러낸다.
- 문장의 마지막 주요 단어에 악센트를 준다.
- 강조하거나 대조할 때는 좀더 앞 단어에 악센트를 준다.
- 하강fall, 저상승low-rise, 고상승high-rise, 하강-상승fall-rise 4가지 어조tone로 전체 억양을 완결한다.

하강 어조Fall Tone: 종극, 완성, 믿음, 확신 주기, 찬성 혹은 반대 진술 기회 주기

- 받아들일 수 없는 화자의 태도

I'll report you to the HEADmaster.

- 언급하는 표현

  I've spoken with your FAther.

- 의문사 의문문

  Who stole the MONey?

- 명령문

  Go and see a DOCtor.

- 요청이나 명령

  Please, be QUIET.

- 감탄

  Watch OUT!

- Yes/No 의문문, 부가의문문

  You stole it, DIDN'T you? / YES.

저상승 어조Low-Rise Tone: 주로 끝이 상승하는 어조로 화자가 답을 모르고 청자는 답을 알고 있는 Yes / No 의문문인 경우

A) Isn't she MODEST?

B) Yes. / No. / I don't know.

고상승 어조High-Rise Tone: 특별히 높은 어조일 때다. 주로 반복, 명료화, 불신 표시를 나타낸다.

- I'm taking up TAxidermy this autumn. / Taking up WHAT? (명료화)
- He was admitted to HARVard College. / HARVARD? (불신)

하강 상승 어조Fall-Rise Tone: 의존, 지속, 비종결을 나타낸다. 주로 종결이 아닌 억양 단위에 온다.

- Private enterPRISE is / always EFficient.
- SuPPOsedly / he thinks he CAN.
- Usaully / she comes on SUNday.

5. 연음법칙을 철저히 숙지하고 연습하라

여기까지는 주로 단어를 이루고 있는 자음과 모음의 발음, 문장 내 억양에 대해 공부했다. 그러나 파닉스의 마지막 단계는 연음법칙을 공부해 익히는 것이다. 우리가 원어민의 발음을 들을 때 긴 문장체이건 짧은 회화체이건 잘 안 들리는 이유는 앞에서 공부한 소리들을 제대로 익히지 못한 탓도 있지만 더욱 어려운 것은 단어와 단어를 연결하는 자음과 모음의 소리가 하나로 연결되어 들리기 때문이다. 이렇게 음들이 고리처럼 연결되어 한소리처럼 들리는 현상을 연음이라고 하는데 여기에는 일정한 법칙이 있다. 물론 이 법칙으로 모든 복잡한 영어 발음의 특이한 현상을 다 설명할 수는 없지만 적어도 5가지 법칙은 철저히 익혀두어야 한다.

자음 이동: 앞 음절의 자음이 다음 음절의 첫소리가 되는 현상

•in an hour: [인-언-아우어]→[이-너-나우어]

•this is: [디-스-이스]→[디-시스]

•make up: [메이-크-업]→[메이-컵]

•all over: [올-오우-버]→[오-로우-버]

자음 탈락(같은 자음)**: 앞 음절의 마지막 자음과 이어지는 음절의 첫 자음이 같은 자음일 때는 한 자음만 발음한다.**

•good dog: [굿-닥]→[구-닥]

•next time: [넥-스트-타-임]→[넥-스-타-임]

•What time is it?: [왓-타임-이즈-잇]→[와-타이-미-짓](자음 이동과 자음 탈락이 겹친 경우)

자음 탈락(같은 혀 위치의 자음)**: 서로 다른 자음이라도 이어지는 자음이 같은 혀 위치에서 나오는 발음일 때는 탈락한다.**

•blind man: [블-라인-드-맨]→[블-라인-맨]

•lost name: [로-스트-네임]→[로-스-네임]

자음 약화: 모음 사이에 't'나 'd'가 오는 경우. 단 't'가 강세를 받는 경우는 그대로 발음한다.

•Waiter, a cup of water, please: [웨이-터-어-캅-어브-와-터-

101

플-리-즈]→[웨이-더-어카-버브-와-더-플-리-즈]
•daddy: [대-디]→[대-디]

명심할 것은 모음 사이에 긴 't', 'd'를 발음할 때는 반드시 약화되므로 혀를 윗니 몸에 그저 살짝 대는 것으로 끝나야지 [r]로 발음하는 것은 아니라는 점이다. 다만, 우리 귀에는 [r]로 들리는 것뿐이다.

모음 탈락: 강세 음절 앞이나 뒤에 모음 'i', 'ə', 'u'가 올 때

•police: [퍼-리~스]→[프-리-스]
•family: [패-머-리]→[패-므-리]

내 아이 영어 마스터 만들기 작전 2 : 기본 영문 구조를 철저히 익히게 하라

1. 준비 학습

문장sentence은 주어(S)와 동사(V)로 구성된다.

📖 The sun rises 태양이 떠오른다.

형용사는 명사를 수식하고 부사는 동사, 형용사, 다른 부사를 수식한다.

📖 very diligent student 매우 근면한 학생

'diligent'는 명사 'student'를 수식하는 형용사, 'very'는 형용사 'diligent'를 수식하는 부사.

ⓔ He works always hard. 그는 항상 열심히 일한다.

'always'와 'hard'는 동사 'works'를 꾸미는 부사다.

'전치사+명사'로 이루어진 전명구prepositional phrase는 문장에서 주로 형용사구(명사 수식), 부사구(동사·형용사·다른 부사 수식)로 쓰인다.

ⓔ The black boy with a curly hair played guitar before his classmates enthusiastic over his beautiful melody. 곱슬머리를 한 흑인 소년이 그의 아름다운 선율에 열광하는 급우들 앞에서 기타를 연주했다.

'with a curly hair'는 명사인 주어 'boy'를 수식하는 형용사구, 'before his classmates'는 동사인 'played'를 수식하는 부사구, 'over his melody'는 'classmate'를 뒤에서 수식하는 형용사 'enthusiastic'을 수식하는 부사구다.

등위접속사

단어와 단어, 구와 구, 절과 절 등 서로 성격이 같은 말끼리 연결하는 접속사.

ⓔ Is the book on the table or under it? 책은 탁자 위에 있는가, 아래에 있는가?

103

등위접속사 'or'는 부사구인 'on the table'과 'under it'을 연결한다.

시제

동사의 때에 대한 문법적 구조를 시제라 한다. 현재, 과거, 미래의 큰 틀 아래 각각 기본 시제, 진행 시제(be+~ing), 완료 시제(have+pp), 완료 진행 시제(have been+~ing)가 있어서 능동 시제 12개와 수동 시제 8개로 모두 20가지로 나뉜다.

태

주어가 동사를 지배하는 양태를 말한다. 즉, 능동은 주어가 동작을 지배하는 것, 수동은 주어가 동작의 지배를 받는 것을 말한다.

암기해야 할 시제와 태 20문장

1. He makes a kite. → A kite is made by him. 현재 기본 시제

2. He is making a kite. → A kite is being made by him. 현재진행형 시제

3. He has made a kite. → A kite has been made by him. 현재완료시제

4. He has been making a kite. 현재완료진행 시제

5. He made a kite. → A kite was made by him. 과거 기본 시제

6. He was making a kite. → A kite was being made by him. 과거진행 시제

7. He had made a kite. → A kite had been made by him. 과거완료 시제

8. He had been making a kite. 과거완료진행 시제

9. He will make a kite. → A kite will be made by him. 미래 기본 시제

10. He will be making a kite. 미래진행 시제

11. He will have made a kite. → A kite will have been made by him. 미래완료 시제

12. He will have been making a kite. 미래완료진행 시제

2. 문장의 5형식

모든 영어의 문장은 기본 패턴이 있다. 물론 이 패턴은 동사의 종류에 따라 생겨나는 것인데, 문법학자마다 5형식, 10형식, 24형식 등으로 나누어 설명한다. 현재까지 한국인에게는 5형식이 가장 합리적이고 우수한 것으로 알려져 있다. 나도 5형식으로 문장을 정리해 보고자 한다. 그런데 여기서 주의할 사실은 다음에 제시하는 요소가 문장의 중요한 부분을 구성하는 '주主요소'라는 점이다. 이 주요소를 수식하는 '종從요소'는 이어지는 구에서 다루게 될 것이다.

제1형식: 주어(S)+동사(V)

예 The business pays. 그 사업은 수지맞는다.

제1형식은 동사 뒤에 보어나 목적어 등 주요소가 나오지 않는 것이지 부사나 부사구, 부사적 대격(전치사 없는 부사구), 부사절 등이 올 수 있다.

제2형식: 주어(S)+동사(V)+보어(C)

예 She died a martyr. 그 여자는 순교자로 죽었다.

보어는 주어를 서술해주는 말로, 명사나 명사적인 것(전명구, 부정사, 동명사, 명사절 등)과 형용사나 형용사적인 것(전명구, 부정사, 분사 등)이다.

제3형식: 주어(S)+동사(V)+목적어(O)

예 The internet reaches millions of people instantaneously. 인터넷은 순식간에 수백만 명에게 도달한다.

목적어는 주어의 동작 대상으로서 반드시 명사나 명사적인 것(부정사, 동명사, 명사절 등)이어야 한다.

제4형식: 주어(S)+동사(V)+간접목적어(IO)+직접목적어(DO)

예 She handed me the letter. 그녀는 내게 그 편지를 건네주었다.

여기서 'me'는 간접목적어이고 직접목적어는 'the letter'다. 제

4형식은 주어가 간접목적어(주로 생물 명사)에 직접목적어를 수여하는 형태다. 직접목적어는 명사나 명사적인 것(부정사, 명사절)이 될 수 있다.

제5형식: 주어(S)+동사(V)+목적어(O)+목적보어(OC)

(예) His mother made him a general. 그의 어머니는 그를 장군으로 만들었다.

제5형식의 목적보어는 주로 명사나 형용사 또는 부정사, 분사 등이 될 수 있다. 제5형식의 목적어와 목적보어는 주술 관계주어+동사다.

태와 형식: 태가 바뀌면, 즉 능동태가 수동태가 되면 형식도 바뀐다. 능동 제3형식은 수동 제1형식으로, 능동 제4형식은 수동 제3형식으로, 능동 제5형식은 수동 제2형식이 된다.

(예) The secretary will read the report. → The report will be read by the secretary. 보고서는 비서가 읽을 것이다.
능동 3형식 → 수동 1형식

(예) I sent her a letter. 나는 그 여자에게 편지를 보냈다. → She was sent a letter by me.
능동 4형식 → 수동 3형식, 간접목적어가 주어가 될 때다.

→ A letter was sent (to) her by me

능동 4형식 → 수동 1형식, 직접목적어가 주어가 될 때다.

예 They elected Obama President. → Obama was elected President. 오바마가 대통령으로 선출되었다.

능동 5형식 → 수동 2형식

3. 구

전명구

명사구

예 The news was about the Vietnam War. 그 소식은 베트남전쟁에 관한 것이었다.

주어가 추상명사이거나 'It', 'This', 'That' 등일 때 주로 be동사와 함께 쓰여 명사구(보어)가 된다. 'about the Vietnam War'는 주어인 'The news'를 서술해주는 명사구다.

예 The baby crept from under the table. 그 아기는 탁자 밑에서부터 기었다.

'전치사＋전치사＋명사' 형태로 전명구가 앞 전치사의 목적어로 쓰일 때 이를 '이중 전치사'라고 한다. 'from under the table'에서 'under the table'은 'from'의 목적어로 쓰이는 명사구다.

예) Excursions into the literature resemble our real travel. 문학

으로 떠나는 여행은 우리의 실제 여행과 같다.

명사 뒤에 전명구가 왔을 때는 형용사구가 된다.

예) The book is of great use. 이 책은 대단히 유용하다.

보어 자리에 전명구가 왔을 때는 형용사구 보어구가 된다.

예) They thought him of small account. 그들은 그를 별로 중요하

지 않다고 생각했다.

목적보어 자리에 전명구가 왔을 때는 형용사구 목적보어구가

된다.

예) His family went to the country for the summer. 그의 가족은

시골로 피서를 가버렸다.

동사 뒤에 전명구가 왔을 때는 부사구다. 여기서는 부사구가

2개다.

예) His logic is inadequate in its account of being. 그의 논리학은

존재를 설명하는 데 부적당하다.

형용사 'inadequate' 뒤에 전명구가 왔으니 부사구다.

예 The task was easy enough for me. 그 과제는 나에게 너무 쉽다.
부사 'enough'는 형용사 'easy'를 수식하고 'for me'는 부사
'enough'를 수식한다.

부정사구

명사구

'to+동사 원형'이 명사적 용법, 즉 주어, 보어, 목적어, 전치사
의 목적어, 동격어 등으로 쓰일 때를 말한다.

예 To steal is a crime. 도둑질은 죄악이다.
부정사구가 주어로 쓰였다.

예 The best way is to make efforts. 가장 좋은 방책은 노력하는
것이다.
부정사구가 보어로 쓰였다.

예 I like to read detective novels. 나는 탐정소설을 좋아한다.
부정사구가 목적어로 쓰였다.

예 I promised him to come. 나는 그에게 올 것을 약속했다.

부정사구가 직접목적어로 쓰였다. 오는 사람은 그가 아니라 주어인 '나'다.

예 I found it hard to get up early in the morning. 나는 아침에 일찍 일어나는 것이 힘들다는 것을 알았다.

부정사구가 제5형식 문장에서 목적어로 쓰였다. 제5형식 목적어 자리에 구나 절이 올 때는 가목적어 'it'을 써야 한다.

예 He did nothing except (to) eat and drink. 그는 먹고 마시는 것 이외에는 아무것도 하지 않았다./그는 먹고 마시기만 했다.

부정사구가 전치사의 목적어로 쓰였다. 전치사 'except', 'but', 'save', 'in', 'on'만 부정사를 목적어로 부릴 수 있고 다른 전치사는 동명사를 목적어로 써야 한다.

형용사구

명사 뒤에서 부정사가 명사를 수식하거나, 보어구로 쓰인다.

예 Give me something to drink. 마실 것을 좀 주게.

부정사 'to drink'가 명사 'something'을 수식한다.

111

㉜ We are to meet tonight. 우리는 오늘 밤 만날 예정이다.

주어가 비추상명사일 때는 'be to 용법'으로서 예정, 의무, 가능, 운명, 명령 등을 뜻한다.

부사구

동사, 형용사, 부사를 수식한다.

㉜ He worked hard to pass the entrance examination. 그는 입학 시험에 합격하기 위해 열심히 공부했다.

부정사 'to pass' 이하는 동사인 'worked'를 수식한다. 동사를 수식하는 부정사는 대부분 목적을 표시한다. 다만, 아래 예문처럼 동사가 무의지 동사(live, die, sleep, awake, grow 등)를 수식할 때는 부정사가 결과를 표시한다.

㉜ One morning he awoke to find himself famous. 어느 날 아침 일어나보니 그는 자신이 유명해진 것을 알았다.

부정사는 무의지 동사인 'awoke'를 수식한다. 결과를 나타낸다.

㉜ He was very glad to hear of your safe arrival. 그는 네가 안전하게 도착했다는 소식을 듣고 매우 기뻤다.

부정사는 형용사 'glad'를 수식하는 부사구로서 원인을 표시한다. 즉, 부정사가 희로애락, 공포, 경악 등을 표시하는 형용사를 수식할 때는 원인을 나타낸다.

⑩ This river is dangerous to bathe in. 이 강은 헤엄치기에 위험하다.
부정사가 희로애락 형용사가 아니라 비非희로애락 형용사를 수식할 때는 대부분 용도를 표시한다.

⑩ I got up so early as to be in time for the first train. 나는 아주 일찍이 일어나서 첫 기차 시간에 대었다.
부정사의 수식을 받을 수 있는 부사는 오직 'so', 'enough', 'too' 뿐으로서 부정사는 결과를 표시한다. 다만, 'enough~to'는 가능을, 'too~to'는 불가능을 표시한다.

⑩ She is old enough to go to school. 그녀는 나이가 충분히 차서 학교에 갈 수 있다.
부정사는 부사 'enough'를 수식하는 부사구로 결과를 나타내는 가능을 한다.

⑩ The plate is too hot to touch. 그 판은 너무나 뜨거워서 만질 수 없다.
부정사는 부사 'too'를 수식하는 부사구로 불가능을 나타낸다.

분사구

명사구

동명사가 명사 역할, 즉 주어, 보어, 목적어, 전치사의 목적어 등으로 쓰이는 것을 말한다.

> 예 Seeing is believing. 보는 것이 믿는 것이다.
>
> 동명사가 주어와 보어로 쓰였다.

> 예 I like swimming. 나는 수영하기를 즐긴다.
>
> 동명사가 목적어로 쓰였다.

> 예 He is proud of being rich. 그는 부자인 것을 자랑한다.
>
> 동명사가 전치사의 목적어로 쓰였다.

형용사구

명사, 대명사를 수식하는 분사가 명사를 수식하거나 보어, 목적 보어로 쓰이는 것을 말한다.

> 예 The sleeping baby is very lovely. 잠자고 있는 아기는 대단히 사랑스럽다.
>
> 'sleeping'은 명사 'baby'를 수식하는 현재분사다.

예 He is a retired soldier. 그는 퇴역 군인이다.

'retired'는 명사 'soldier'를 수식하는 과거분사다.

예 Do you know the girl singing on the stage? 너는 무대 위에서 노래 부르고 있는 소녀를 알고 있니?

'singing' 이하는 명사 'girl'을 뒤에서 수식하는 분사구다.

예 A novel written by Hemingway. 헤밍웨이가 쓴 소설.

과거분사가 뒤에서 명사를 수식했다.

예 He came running. 그는 뛰어왔다.

현재분사가 보어로 쓰였다.

예 He seemed frightened. 그는 놀란 듯이 보였다.

과거분사가 보어로 쓰였다.

예 I saw the girl singing on the stage. 나는 그 소녀가 무대 위에서 노래 부르고 있는 것을 보았다.

현재분사가 목적보어로 쓰였다.

예 I had my watch mended. 나는 내 시계를 고쳤다.

과거분사가 목적 보어로 쓰였다.

부사구(분사 구문)

분사가 동사를 수식하는 부사구로 쓰일 때를 말한다. 문장에서는 문두, 문중, 문미 등 여러 위치에 나타난다. 일반적으로 끝에 쉼표를 동반하며 시간, 이유, 조건, 양보, 중문, 부대 상황을 뜻한다.

- 예 Walking along the street, I came across him. 길거리를 따라 걷다가 나는 그를 우연히 만났다.
  부사 구문이 시간을 나타낸다.

- 예 Living remote from the town, I rarely have visitors. 마을에서 멀리 떨어져 살기 때문에 나에게는 거의 방문객이 없다.
  부사 구문이 이유를 설명한다.

- 예 Turning to the right, you will find the building. 오른쪽으로 돌아가면 너는 그 건물을 발견하게 될 것이다.
  부사 구문이 조건을 보여준다.

- 예 Working hard, he could not pass the examination. 열심히 공부했지만 그는 그 시험에 합격할 수 없었다.

분사 구문이 양보를 의미한다.

예 Leaving Busan at six am, the train arrives at Seoul at noon. 아침 6시에 부산을 출발해 그 기차는 정오에 서울에 도착한다.

이 문장은 'The train leaves Busan at six am, and arrives at Seoul at noon'이라는 중문(등위절)을 분사구문으로 바꾼 것이다. 이 경우는 뒷부분을 분사구문으로 해서 'The train leaves Busan at six am, arriving at Seoul at noon'로 바꾸어 쓸 수 있다. 이런 경우는 앞뒤 동사의 시간상 선후 관계가 있다. 따라서 이 경우를 부대 상황이라고 할 수는 없는 것이다. 다음 문장이 부대 상황이다.

예 Reading the newspaper, he walked along the street. 신문을 읽으면서 그는 길을 따라 걸었다.

부사구가 부대 상황임을 나타낸다. 신문을 읽는 동작과 걷는 동작이 동시적이다. 이런 것을 부대 상황이라 한다.

4. 의미상으로 본 문장의 종류

평서문

어떤 사실을 긍정 또는 부정으로 단순히 서술하는 문장으로, 긍정문과 부정문이 있다.

예) John is not my friend. 존은 내 친구가 아니다.

be＋not

예) She has not a horse. 그 여자는 말이 없다.

have＋not. 영국식 영어다. 미국에서는 'have'도 일반 동사로 취급해 부정문을 만들 때 'do not'을 쓴다.

예) I will not go there with you. 나는 너와 거기에 가지 않겠다.

will＋not

do/does/did+not+일반 동사 원형

예) We do not attempt a comprehensive description. 우리는 포괄적인 기술을 시도하고 있는 것이 아니다.

do not＋일반 동사의 1인칭.

예) He does not live next to yours. 그는 네 이웃집에 살고 있지 않다.

does not＋일반 동사의 3인칭

예) I did not understand their conversation. 나는 그들의 대화를 이해할 수 없었다.

did not + 일반 동사

부분 부정: every, both, all, always, necessarily 등+not

㉄ All is not gold that glitters. 반짝이는 게 모두 다 금은 아니다.

전체를 나타내는 'All'이 'not'을 수반했으므로 부분 부정이다.

㉄ The rich are not always happy. 부자가 항상 행복한 것은 아니다.

전체를 나타내는 'always'가 'not'을 동반했으니 부분 부정이다.

전체 부정: neither/no+명사, 대명사, 부사, 부정어+any, either

㉄ Neither of the stories was true. 그 이야기는 어느 것도 사실이

아니었다.

'Neither+명사' 형태로서 전체 부정을 나타낸다.

㉄ I don't want to see any visitor. 나는 어떤 방문객도 만나고 싶

지 않다.

'not(부정어)+any' 형태로서 전체 부정을 나타낸다.

이중부정: 긍정의 강한 의미

㉄ It never rains without pouring. 퍼붓지 않고서는 결코 비가 오

지 않는다./비만 왔다 하면 폭우가 내린다.

119

'never~without' 형태인 이중부정으로서 강한 긍정을 의미한다.

의문문

무엇인가를 상대에게 묻는 문장. 문미에 반드시 물음표를 동반한다. 일반 의문문, 의문사 의문문, 기타 의문문(선택, 부가, 수사) 등이 있다.

일반 의문문: Be/Have+주어~?, 조동사+주어+본동사~?

㉠ Are there twelve months in a year? 1년에는 12개월이 있습니까?

'There are twelve months in a year'의 의문문인데 여기서 유도 부사 'there'은 주어처럼 취급되어 be동사 뒤에 간다.

㉠ Have you the ticket? 너는 그 표를 가지고 있니?

'Have + 주어' 형태로 된 의문문인데 영국식 영어다. 미국에서 have 동사도 일반 동사처럼 취급해 의문문을 만든다.

㉠ Can you give me a ride? 저를 태워주실 수 있겠습니까?

'조동사 + 주어 + 본동사~?' 형태인 의문문이다.

의문사란 의문이나 모르는 것을 나타내는 말로, 의문대명사, 의문형용사, 의문부사가 있다. 의문대명사는 'who', 'whom', 'which', 'what'으로, 문장에서 명사 역할을 하는 주어, 보어, 목적어, 전치사의 목적어 등으로 쓰인다. 의문형용사는 'whose', 'which', 'what'으로, 뒤에 반드시 자신이 수식하는 관사 없는 명사를 동반한다. 의문부사는 'when', 'where', 'why', 'how'로, 주로 동사를 수식하는데 'how'는 그 뒤에 자신이 수식하는 형용사나 부사를 동반한다.

예 Which is the cheaper of the two? 둘 중에 어느 것이 더 싸니?
'의문대명사+be+주어~?' 형태로 된 의문문으로, 그 답은 'This is cheaper than that'이다.

예 Whose son is that young man? 저 젊은이는 누구의 아들인가?
'의문형용사+명사+be+주어~?' 형태로 된 의문문으로, 답은 'He is Jesse's son'처럼 대답해야 한다.

예 How long did you take to collect these coins? 이 동전들을 모으기 위해 얼마나 걸렸느냐?
'의문부사+부사+조동사+주어+본동사~?' 형태 의문문으로, 답

121

은 'It took me five years' 또는 'Five years'라고 대답하면 된다.

예 Who is at the door? 누가 문에 있느냐?

'의문사 주어＋본동사~?' 형태의 의문문으로, 'It's Mary' 또는 'Mary'라고 대답하면 된다.

기타 의문문(선택, 부가, 수사)

예 Which subject do you like better, Math or English? 너는 수학과 영어 중 어느 과목을 더 좋아하니?

예문은 선택 의문문을 나타낸다. 선택 의문문이란 둘 중 하나를 선택할 것을 요구하는 의문문이다.

예 You didn't steal the money, did you? 네가 그 돈을 훔치지 않았지, 그렇지?

부가 의문문이란 묻는 뜻을 강하게 하기 위해 되묻는 형식을 취한다. 형태는 평서문 긍정, '부정어＋동사＋주어~?' 또는 평서문 부정, '동사＋주어~?' 꼴을 취한다. 문제는 부정으로 물어볼 때 대답하는 사람의 답이 긍정이면, 즉 질문 내용을 인정하면 'Yes'로, 긍정으로 질문 내용을 부정하면 'No'로 답해야 한다. 훔쳤으면(긍정) 'Yes, I did' 안 훔쳤으면(부정) 'No, I didn't'로 대답해야 한다.

예 Who is there but commits errors? 잘못을 저지르지 않는 사람이 어디 있겠는가?

모두 다 잘못을 저지른다는 내용을 강조하기 위해 쓴 수사 의문문이다. 수사 의문문이란 반어의 의미를 강하게 드러내기 위해 평서문을 의문문으로 만든 것이다. 평서문 긍정은 수사 의문문 부정, 평서문 부정은 수사 의문문 긍정이 된다. 예문은 'There is nobody but commits errors'의 수사 의문문이다.

명령문

상대에게 어떤 사실을 명령, 요구, 부탁, 충고하는 것을 나타내는 문장이다. 직접 명령(2인칭에 직접 내리는 명령), 간접 명령(2인칭을 통해 1, 3인칭에 내리는 명령)으로 나뉜다.

예 Be quiet! 조용히 해!

2인칭인 '너'에게 내리는 긍정 직접 명령이다. 반드시 동사 원형을 쓰고 주어인 'You'는 생략한다.

예 Never be a liar! 결코 거짓말쟁이가 되지 마라!

부정 직접 명령이다. 'Don't', 'Never' 등을 써서 부정 명령 문을 만든다.

예 Let her come here at once. 그녀를 이리로 즉시 보내주세요.

　* 2인칭인 주어 'You'를 통하되 생략하고 3인칭 'her'에게 내리는 긍정 간접 명령이다. 'Let＋목적어1, 3인칭＋원형 부정사' 형태로 이루어진다.

예 Don't let me be there. 나를 그곳에 가지 않게 해주세요.

　* 부정 간접 명령으로서 주어 'you'를 통하되 생략하고 1인칭인 나에게 내리는 명령이다. 'Don't＋let＋목적어(1, 3인칭)＋원형 부정사' 또는 'Let＋목적어(1, 3인칭)＋not＋원형 부정사' 형태를 취한다.

감탄문

　말하는 사람의 감탄, 경악, 비탄 등의 감정을 나타내는 문장이다. 'What+(a)+형용사+명사+주어+동사!' 또는 'How+형용사/부사+주어+동사!', '감탄사+주어+동사!' 형태로 나타낸다.

예 What a noble person he has been! 그는 얼마나 고상한 사람이었던가!

　여기서 'What'은 감탄 형용사로서 명사인 'person'을 꾸민다.

예 How fast she runs! 그 여자는 얼마나 빨리 달리는가?

　여기서 'How'는 감탄 부사로서 부사인 'fast'를 꾸민다.

⑩ Oh, she's gone! 오, 그 여자는 가버렸다!

감탄사 'Oh'가 전체 내용을 감탄하는데 여기서는 비탄을 나타
낸다.

기원문

말하는 사람의 기원이나 소원을 나타낸다. 'May+주어+동사
원형!' 또는 '부사/부사구+동사 원형+주어!', 'Would that/Oh that+주
어+가정법 과거 동사/가정법 과거완료 동사' 형태로 이루어진다.

⑩ May you be happy! 행복하시기를!

'May+주어+동사 원형' 형태인 기원문으로 이 형태가 가장 일
반적이다.

⑩ Long live the queen! 여왕 폐하 만세!

'부사+동사 원형+주어!' 형태인 기원문이다.

⑩ With me be God! 신이 함께하시기를!

'부사구+동사 원형+주어!' 형태다.

⑩ Would that I were there! 내가 그곳에 있다면 좋겠는데!

여기서 동사가 가정법 과거(과거 복수 동사)이므로 내용은 현재 사

125

실을 반대하는 가정을 나타낸다.

예 Oh, that I could have seen you then! 내가 너를 그때 만날 수
있었다면 좋았을 텐데.

동사가 가정법 주절(귀결절)의 'could have+pp'다. 이것은 가정
법 과거완료, 즉 과거 사실의 반대 가정을 나타낸다.

5. 구문으로 본 절과 전환

독립절(단문, Simple Sentence)

주어와 동사가 하나만 있는 문장이다. 주어나 동사가 여러 개
가 있어도 주어와 동사 짝이 하나만 있을 때는 단문이다. 단문은 동
사의 종류로 보았을 때는 제1형식에서 제5형식까지, 의미로 보았을
때는 평서문, 의문문, 명령문, 기원문, 감탄문 등이 있다.

등위절(중문, Compound Sentence)

주어와 동사가 2개 이상 등위접속사나 쉼표로 연결되어 있는
문장이다. 이때 등위접속사는 단순히 연결만 하는 연계 접속사(and),
앞뒤 문장을 반대로 연결하는 반의 접속사(but), 뒤 문장이 앞 문장을
선택적으로 받는 선택 접속사(or), 뒤 문장이 앞 문장의 추리를 나타
내는 추리 접속사(for) 등이 있다.

	연계	반의	선택	추리
단일 접속사	and	but	or	for
	nor: and~not	yet		therefore
		still		so
		nevertheless		then
		however		
		only~		
상관 접속사	both A and B		either A and B	
	at once A and B		neither A nor B	
	not only A but			
	also B			
	not A but B			
접속사 상당어		rather	otherwise	hence
				thence
				accordingly

종속절(복문, Complex Sentence)

종속접속사 또는 종속접속사 상당어로 인도되는 이하 절이 주절의 일부분으로 종속되는 절을 말한다. 종속절은 종속접속사 이하 절이 문장에서 종속되는 위치와 기능에 따라 명사절, 형용사절, 부사절로 나뉜다.

`명사절`

that절, 의문사절, if절, whether절, 부정 명사절 등이 문장 내에서 주어, 보어, 목적어, 직접목적어, 전치사의 목적어, 동격어 등으로 쓰이는 것.

`형용사절`

관계대명사(who, whom, which, that), 관계형용사(whose, which, what), 관계부사(when, where, why, how, that), 유사 관계대명사(as, but, than) 등으로 인도되는 절이 앞 명사를 수식하는 절.

`부사절`

시간절(when), 장소절(where), 이유절(because), 조건절(if), 양보절(though), 목적절(in order that), 결과절(so~that), 양태절(as), 비교(than), 명사적 부사절(that, if, whether) 등이 주절의 동사를 수식하거나 형용사나 부사를 수식하는 절.

암기해야 할 종속접속사

종속접속사의 종류	
단일	
after	that
although	though
as ~때에	when
because	whenever
before	wherever
if	than
lest	where
once	whither(to where)
notwithstanding(that)	while
since	whether
합성	
as(so) far as	in as much as
as if(though)	in case
as(so) long as	in order that
as soon as	now(that)
but that	seeing(that)
by the time	so that
for fear(that)	on condition that
상관	
as(so) ~as	scarcely ~ when(before)
hardly ~ when(before)	so(such) ~ that
no sooner ~ than	whether ~ or

접속사 상당어	considering that	when
	directly	where
	every time	which
	granted(granting)(that)	whichever(no matter which)
	immediately	who
	instant	whom
	provided(providing)(that)	who(m)ever (no matter who(m))
	suppose(supposing)	whose
	the moment *접속사 상당어로 쓰이는 의문사	whosever(no matter whose)
	how	why
	however(no matter how)	
	what	
	whatever(no matter what)	

절의 전환

복문이 단문으로, 복문이 중문으로, 중문이 단문으로 문장의 형태는 바꾸되, 의미는 그대로 놔두는 것을 문장 전환Transformation of Sentence이라 한다. 문장 수사법의 일종이다.

명사절과 문장 전환

예 It is true that he uses the book properly. 그가 그 책을 적절하게 사용하는 것은 사실이다.

복문. 'It'은 가주어로서 that 이하 주어절을 나타낸다.

→ It is true for him to use the book properly.

부정사 단문. that절이 부정사 주어구로 바뀌었다. 주어 'he'는 의미상 주어 'for him'으로, 동사 'uses'는 부정사 'to use'로 바뀌었다. 그 이하는 바뀌지 않는다. 절이 부정사구가 되어도 번역은 달라지지 않는다.

→ It is true his using the book properly.

동명사 단문. that절이 동명사 주어구로 바뀌었다. 주어 'he'는 의미상 주어 'his'로, 동사 'uses'는 동명사 'using'으로 바뀌었다. 그 이하는 바뀌지 않는다. 절이 동명사구가 되어도 번역은 달라지지 않는다.

→ His proper usage of the book is true.

동사적 명사형 단문. that절이 동사적 명사형Verbal Noun 주어로 바뀌었다. 주어 'he'는 소유격 'his'로, 동사 'uses'는 동사적 명사형 'usage'로 바뀌었다. 따라서 부사 'properly'는 형용사 'proper'로 바뀌어 명사를 수식한다. 이제 동사적 명사형 'usage'는 명사 'the book'을 목적어로 둘 수 없으므로 두 명사

131

사이의 관계가 목적어임을 나타내는 목적어 표시 전치사 'of'를 그 사이에 두는 것이다. 절이 동사적 명사형이 되었지만 번역은 달라지지 않는다.

❷ The fact is that she neglected her duty entirely. 사실은 그녀가 자신의 의무를 전적으로 게으르게 했다는 것이다.

복문. that절은 'The fact'를 주어로 하는 보어절이다.

→ The fact is for her to have neglected her duty entirely.

부정사 단문. that절이 부정사 보어구로 바뀌었다. 여기서 주절의 시제는 현재인 'is'이지만 종속절의 시제는 과거다. 이렇게 종속절의 시제가 주절 시제보다 앞설 때는 완료형 부정사(to have+pp)를 써야 한다.

→ The fact is her having neglected her duty entirely.

동명사 단문. that절이 동명사 보어구로 바뀌었다. 이렇게 종속절의 시제가 주절 시제보다 앞설 때는 완료형 동명사(having+pp)를 써야 한다.

→ The fact is her entire neglect(negligence) of her duty.

동사적 명사형 단문. that절이 동사적 명사형 보어로 바뀌었다. 여기서 'having neglected'에 대한 동사적 명사형은 없지만 시제를 무시하고 'neglect(negligence)'라는 동사적 명사형으로 써도 괜찮다. 의미상 전환의 일종이다.

ⓔ It seems that she was a beauty in her youth. 그 여자는 젊었을 적에 미인이었던 것처럼 보인다.

→ She seems to have been a beauty in her youth.

부정사 단문. 'It seems/appears/looks that s+v', 'It happens/chances that s+v' 형태 복문을 순형식 주어 'It'로 이루어진 문장이라 하는데 that절이 부정사로 전환된다. 즉, that절 주어가 부정사의 주어가 되고 동사는 to부정사로 바뀐다. 이때 주절의 시제보다 that절의 시제가 앞설 때는 완료형 부정사(to have+pp)를 써야 한다. 이 예문에서 주절의 동사 'seems'는 현재인데 that절의 동사는 과거인 'was'이므로 완료형 부정사인 'to have been'을 쓴 것이다.

ⓔ I believe that she is honest. 나는 그녀가 정직한 것을 믿는다.

→ I believe her (to be) honest.

복문을 제5형식으로. that절은 위와 같이 제5형식 구문으로 전환된다. 다만 동사에 따라 목적 보어에 쓰이는 'to be'를 생략하는 것과 생략할 수 없는 것(order, command 등)을 주의해야 한다.

ⓔ They insisted that she should attend the meeting. 그들은 그녀가 그 회합에 출석할 것을 주장했다.

→ They insisted on(upon) her attending the meeting.

복문을 '동사＋전치사＋동명사 단문'으로. 이 동사는 that절을 목적어로 가지나 절대로 제5형식 구문이 될 수 없다. 부정사나 동명사를 바로 목적어로 가지지 못하고 이처럼 '동사＋전치사＋동명사' 단문으로 전환된다.

→ They insisted on(upon) her attendance at the meeting.

이처럼 '동사＋전치사＋동명사' 단문은 동명사에 해당하는 동사적 명사형으로 전환되는데, 이때 목적어 표시는 'of'가 아니라 'at'이다.

예 He proposed that we should start early. 그는 우리가 일찍 출발할 것을 제의했다.

→ He proposed for us to start early.

복문을 부정사로. 'propose'는 뒤에 부정사를 목적어로 둘 수 있다.

→ He proposed our starting early.

복문을 동명사로. 'propose'는 뒤에 동명사를 목적어로 둘 수 있다. 그러나 주의할 사실은 모든 동사가 다 이렇게 부정사나 동명사를 목적어로 거느릴 수 있는 건 아니라는 점이다. 어떤 동사(want, wish, desire 등)는 부정사만, 어떤 동사(enjoy, mind, finish 등)는 동명사만, 어떤 동사는 양쪽을 다 목적어로 둘 수 있다.

→ He proposed our early start.

동사 'start'는 같은 형태의 동사적 명사형이 있다.

📵 She objected that the plan was impracticable. 그녀는 그 계획이 실현 불가능하다고 반대했다.

단문 전환 불가. 'object' 같은 동사는 that절을 목적어절로 둘 수 있지만 단문으로 전환되지 않는다.

📵 I assured her that he would quickly be recovered. 나는 그가 반드시 회복할 것이라고 그녀에게 확신시켰다.

복문을 '동사＋of＋동명사/명사형'으로. that절은 직접목적어절을 나타낸다.

→ I assured her of his being recovered quickly. (동사＋of＋동명사)

→ I assured her of his quick recovery. (동사＋of＋명사형)

'being recovered'는 수동적 구조이나 의미상 전환으로서 명사형으로 바뀌었다.

📵 I don't know how I should study English. 나는 영어를 공부하는 방법을 알지 못한다.

→ I don't know how to study English.

복문 명사절 의문사절을 단문으로. 'how' 이하가 목적어절로 쓰인 의문사절이다. 의문사절의 주어와 주절 주어가 같으니 이 의문사절은 주어와 조동사를 생략하고 의문사 부정사로 전환할 수 있다.

예 I am wondering whether I should stay another week in this hotel. 나는 이 호텔에서 한 주간을 더 머물러야 할지 어떨지 망설이고 있다.

→ I am wondering whether to stay another week in this hotel.

복문 명사절 if절, whether절을 단문으로. 'if+s+v', 'whether+s+v' 등이 명사절로 쓰일 때는 같은 뜻으로서, 'if'나 'whether'는 '인지 아닌지', '인지 어떤지' 등으로 번역된다. 여기서 whether절의 주어와 주절 주어가 같으니 whether 부정사로 전환이 되는 것이다.

예 What he discovers is the thing to occur in the nature. 그가 발견하는 것은 자연에서 발생하는 것이다.

복문 부정 명사절 what절을 단문으로. 부정 명사절이란 막연한 사람, 사물, 사건 등을 표시하는 명사절로서 주로 'what+(s)+v' 또는 'what/who/whom/which+ever+(s)+v', 'what/who/whom /which+ever+수식받는 명사+(s)+v' 형태를 한 것이다. 예문처럼 'what'이 지적하는 대상이 명확하면 부정사, 동명사, 명사형으로 바꿀 수 있다.

→ For him to discover is to occur in the nature.

→ His discovering is occurring in the nature.

→ His discovery is the occurrence in the nature.

형용사절과 문장 전환

예 I know the doctor who treats patient carefully. 나는 환자를 주의 깊게 다루는 의사를 알고 있다.

복문 형용사절을 단문으로. 형용사절은 주절 내의 어떤 명사를 수식하는 절이다. 수식받는 명사를 선행사antecedent라 한다. 관계사는 그것이 형용사절에서 어떤 역할을 하느냐에 따라 결정되는데 형용사절에서 명사, 즉 주어, 보어, 목적어, 전치사의 목적어이면 관계대명사, 형용사절의 명사를 수식하면 관계형용사, 형용사절의 동사를 수식하면 관계부사다. 이 예문에서 'who'는 관계대명사로서 형용사절을 인도하고 명사인 'the doctor'를 수식하면서 형용사절의 주어로 쓰이고 있다. 그런데 관계대명사와 관계부사로 이루어진 형용사절은 단문, 즉 부정사, 분사, 명사형으로 바뀔 수 있다.

→ I know the doctor to treat patients carefully.

부정사 단문. 형용사절 복문은 관계사를 생략하고 동사를 부정사로 바꾸어 단문을 만들었다. 번역은 변함이 없다.

→ I know the doctor of treating patients carefully.

분사 단문. 부정사 단문은 'of+동명사' 형태로 만들어 써도 된다. 이때 'of'는 기본 시제나 완료 시제임을 나타낸다.

→ I know the doctor of careful treatment of patients.

명사형 단문. 'of+동명사'는 동명사에 해당하는 명사형이 있을 때는 명사형 단문의 형태로 만들어 써도 된다. 이때 부사 'carefully'는 형용사 'careful'이 되어 명사를 수식하고 뒤의 'of'는 목적어임을 표시한다.

예 The baby who is sleeping peacefully is very lovely. 평화롭게 잠자고 있는 아기는 매우 사랑스럽다.

→ The baby to be sleeping peacefully is very lovely.

복문 형용사절을 단문으로. 형용사절의 동사가 진행형이므로 부정사로 바뀌면 진행형 부정사(to be+ing)가 쓰인다. 하지만 실제로는 이런 문장은 잘 안 쓰인다.

→ The baby sleeping peacefully is very lovely.

진행형 부정사에서 'to be'를 생략하면 분사 'sleeping'만 남는데 분사가 뒤에 수식어인 부사를 수반하기 때문에 명사 뒤에서 수식해야 한다.

예 That was the woman (whom) they called Madam Butterfly. 저이가 사람들이 나비부인이라고 부르던 사람이었다.

복문 형용사절을 단문으로. 여기서 관계대명사 'whom'은 'called'의 목적어다. 관계대명사 목적격은 생략할 수 있다.

→ That was the woman to call Madam Butterfly.

부정사의 일반 주어 'for them'은 생략한다. 따라서 부정사만

남았다. 하지만 'to call'의 의미상 주어는 수식받는 명사인 'the woman'이 아니다.

→ That was the woman of calling Madam Butterfly.

'of'는 기본 시제임을 뜻한다.

🔘 That was the woman who was called Madam Butterfly. 저이가 나비부인이라고 불리는 사람이었다.

복문 형용사절을 단문으로. 여기서는 일반 주어인 'by them'은 생략된다.

→ That was the woman to be called Madam Butterfly.

수동형 부정사로서 능동형일 때는 제5형식이었지만 수동된 지금은 제2형식으로 바뀌었다.

→ That was the woman of being called Madam Butterfly.

'of'는 기본 시제임을 나타내고 'being called'는 수동 동명사다.

→ That was the woman called Madam Butterfly.

수동 부정사에서 분사로 만들 때 기본 시제임을 보여주는 'of'를 안 붙이면 'being 동명사'가 아니므로 생략된다. 따라서 과거분사 'called'만 남아서 명사인 'the woman'을 뒤에서 수식한다.

🔘 I met the thinker (whom) they talked about. 나는 그들이 말하던 그 사상가를 만났다.

→ I met the thinker to talk about.

복문 형용사절을 단문으로. 관계대명사 'whom'은 목적격이니 생략하고 'they'는 'for them'이 되나 일반 주어이므로 생략된다.

→ I met the thinker about whom to talk.

이 문장은 'I met the thinker about whom they talked'를 부정사 단문형으로 바꾼 것이다. '전치사＋관계대명사'일 때는 관계대명사 'whom'은 목적격이더라도 생략하지 못하고 'they'는 'for them'이 되나 일반 주어이므로 생략된다.

예 The painting which is on the wall was a wedding present. 벽에 걸려 있는 그림은 결혼 선물이었다.

→ The painting to be on the wall was a wedding present.

복문 형용사절을 단문으로. 관계대명사 'which'를 생략하고 동사 'is'를 부정사로 만들면 'to be'가 된다.

→ The painting of being on the wall was a wedding present.

부정사가 기본 시제이니 분사로 만들 때 'of＋동명사' 형태로 만들었다. 그러나 여기서 전치사를 생략하면 이때 'being'은 동명사가 아니므로 생략된 이하는 그냥 전명구가 된다.

→ The painting on the wall was a wedding present.

따라서 이제 명사 뒤 전명구는 'who is'나 'which is'가 생략된 것을 알 수 있겠다.

ⓔ He read a poem (which) he had composed. 그는 자신이 지은 시를 낭독했다.

→ He read a poem of his own composing.

복문 형용사절을 단문으로. '손수 무엇을 만들다'와 뜻이 같은 형용사절 복문은 위와 같이 'of＋own＋동명사' 형태로 전환한다.

ⓔ I do not like such a man as tell as lie. 나는 거짓말을 하는 그런 사람을 싫어한다.

복문 형용사절을 단문으로. 선행사에 'as', 'such', 'same'이 있을 때는 유사 관계대명사 'as'를 쓴다.

→ I do not like such a man as to tell a lie.

유사 관계대명사 'as'는 부정사로 전환되어도 반드시 부정사 앞에 쓰인다.

ⓔ There is no rule but has an exception. 예외 없는 규칙은 없다.

유사 관계대명사 'but'은 'who~not', 'which~not'을 하나로 결합한 것이다.

→ There is no rule not to have an exception.

유사 관계대명사 'but'을 부정사로 바꿀 때는 'not'을 반드시 살려서 부정사 앞에 써야 한다.

→ There is no rule of not having an exception.

유사 관계대명사 'but'을 분사로 바꿀 때는 'not'을 반드시 살려서 분사 앞에 써야 하며 기본 시제 표시 'of'를 써야 한다.

→ There is no rule without an exception.

'of not having'과 뜻이 같은 전치사 'without'으로 바꾸어 써서 전명구 형용사구가 되었다.

ㄹ I don't have free time (when=that) I shall have a date with a girl. 나는 여자와 데이트할 한가한 시간이 없다.

관계부사는 주절의 명사를 수식하면서 형용사절 내에서 동사를 수식하는 역할을 한다. 시간 명사를 수식할 때 관계부사는 'when', 장소 명사를 수식할 때는 'where', 이유 명사를 수식할 때는 'why', 방법 명사를 수식할 때는 'how'를 쓴다. 그런데 관계부사는 '전치사+관계대명사'로 바꿀 수 있거나 'that'으로 바꾸거나 생략할 수 있다. 장소를 뜻하는 관계부사 'where'는 단문으로 전환하지 않는다.

→ I don't have free time to have a date with a girl.

관계부사 형용사절 복문을 단문으로 바꿀 때 관계부사는 생략된다. 또 주절의 주어와 형용사절 주어가 같아도 생략된다. 일반 주어(we, you, they, people, one 등)일 때도 생략되며 앞뒤 문맥상 잘 알 수 있을 때도 형용사절 주어는 생략된다. 조동사 중 'will', 'shall'의 뜻은 부정사로 이전되면서 생략된다.

→ I don't have free time of having a date with a girl.

부정사의 시제가 기본 시제이므로 분사는 'of＋동명사' 형태로 바뀌었다.

예 I don't have free time in which I shall have a date with a girl.
(전치사＋관계대명사 복문)

→ I don't have free time in which to have a date with a girl. (전치사＋관계대명사 부정사)

'전치사＋관계대명사 분사'는 없으므로 전환되지 않는다.

예 I don't know the reason (why＝that) he was dismissed suddenly. 나는 그가 갑자기 해고된 이유를 모른다.

관계부사 'why'는 주절의 이유 명사를 수식하지만 'the reason why＋s＋v' 형태는 거의 없고 'the reason'이나 'why' 중 하나는 반드시 생략한다. 그런데 관계부사 'why'는 'for which'로 바꿀 수 있거나 'that'으로 바꾸거나 생략할 수 있다.

→ I don't know the reason for him to have been dismissed suddenly. (부정사 단문)

→ I don't know the reason for his having been dismissed suddenly. (분사 단문)

분사는 부정사의 시제가 완료 시제이므로 'of＋동명사' 형태로

143

바뀌어야 하지만 'reason' 뒤에는 'of' 대신 'for'가 쓰인다.

→ I don't know the reason for his sudden dismissal. (명사형 단문)
분사에 해당하는 명사형 'dismissal'이 있으므로 수동형을 무시하고 의미상으로 명사형 단문으로 전환했다.

예 I don't know the reason for which he was dismissed suddenly. (전치사＋관계대명사 복문)

'전치사＋관계대명사 복문'에 주절 주어와 다른 주어가 있어 전환하면 더욱 복잡해지므로 전환하지 않는다.

예 She couldn't demonstrate the way (how＝that) they would use the rice cooker effectively. 그 여자는 그들이 효과적으로 밥통을 사용하는 방법을 설명할 수가 없었다.

관계부사 'how'는 주절의 방법 명사를 수식하지만 'the way how＋s＋v' 형태는 거의 없고 'the way'나 'how' 중 하나는 반드시 생략한다. 그런데 관계부사 'how'는 'in which'로 바꿀 수 있거나 'that'으로 바꾸거나 생략할 수 있다.

→ She couldn't demonstrate the way to use the rice cooker effectively. (부정사 단문)

'they'는 일반 주어이므로 생략된다.

→ She couldn't demonstrate the way of using the rice cooker

effectively. (분사 단문)

분사는 부정사의 시제가 기본 시제이므로 'of+동명사' 형태로 바뀌었다.

→ She couldn't demonstrate the way of the effective usage of the rice cooker. (명사형 단문)

분사에 해당하는 명사형 'usage'가 있으므로 명사형 단문으로 전환했다. 뒤에 나오는 'of'는 명사형의 목적어 표시고 부사 'effectively'는 형용사 'effective'가 되어 명사를 수식한다.

예 She couldn't demonstrate the way in which they would use the rice cooker effectively. (전치사+관계대명사 복문)

→ She couldn't demonstrate the way in which to use the rice cooker effectively. (전치사+관계대명사+부정사 단문)

'전치사+관계대명사+부정사 단문'은 가능하지만 '전치사+관계대명사+분사 단문'은 없다.

부사절과 문장 전환

예 When we arrived at the airport, we found that the airplane had already departed. 우리가 공항에 도착했을 때 우리는 비행기가 이미 이륙했음을 알았다.

부사절이란 부사절용 '접속사+s+v' 형태를 한 절이 주절의 동사나 형용사나 부사를 수식하는 것을 말한다. 접속사의 종류에 따라 시간, 장소, 이유, 조건, 양보, 목적의 동사 수식 부사절과 결과, 양태, 비교의 형용·부사 수식 부사절 등으로 나뉜다. 부사절의 위치는 문두, 문중, 문미 어디든 상관없으나 문두에 나올 때는 일반적으로 끝에 쉼표를 동반한다. 이 부사절이 축약된 형태가 바로 분사구문이다. 주의할 것은 부사절 중 시간절, 이유절, 조건절, 양보절 등이 축약되어 '분사구문 → 접속사＋분사구문 → 전치사＋동명사 → 전치사＋명사형 → (물주 구문)'이 되는 것이 일반적이고 조건절, 양보절, 목적절은 분사구문에 앞서서 부정사로 전환하기도 한다.

→ Arriving at the airport, we found that the airplane had already departed. (분사구문 단문)

분사구문이란 부사절에서 접속사와 주어를 생략한 후 '동사＋ing' 형태로 만든 것이다.

→ When arriving at the airport, we found that the airplane had already departed. (접속사＋분사구문 단문)

분사구문의 뜻을 명확하게 하기 위해 분사구문 앞에 부사절용 접속사를 쓰기도 한다.

→ On arriving at the airport, we found that the airplane had already departed. (전치사＋동명사 단문)

접속사와 뜻이 같은 전치사를 쓰고 분사구문을 동명사로 전환해 단문을 만들기도 한다. 번역은 다 같다.

→ On the arrival at the airport, we found that the airplane had already departed. (전치사＋명사형 단문)

동명사에 해당하는 명사형이 있으니 '전치사＋명사형'으로 전환해 단문을 만들기도 한다. 여기서 명사형이 소유격이 없을 때는 일반적으로 정관사 'the'를 수반한다. 이 문장은 여기까지만 전환이 가능하다. 그러나 부사구가 주절의 동작을 일으키는 원인일 때는 물주 구문을 만들기도 한다. 다음 예를 살펴보라.

예 Whenever I see the picture, I remember his parents. 내가 그 사진을 볼 때마다 나는 그의 양친이 생각난다.

→ Seeing the picture, I remember his parents. (분사구문 단문)

→ Whenever seeing the picture, I remember his parents. (접속사＋분사구문 단문)

→ On seeing the picture, I remember his parents. (전치사＋동명사 단문)

접속사 'whenever'가 전치사 'on'으로 바뀐다.

→ On the sight of the picture, I remember his parents. (전치사＋명사형 단문)

이 문장이 앞 예와 다른 것은 주절의 동작이 일어나게 만드는 원인이 바로 앞 부사구 때문이라는 것이다. 무슨 말이냐 하면 그의 부모를 생각나게 만드는 것이 그림이다. 영어는 여기서 사물을 주어로 하고 사람 주어를 목적어로 가져가는 매우 특이한 문장을 구성하는데 이것도 수사법이다.

→ The sight of the picture reminds me of his parents. (물주 구문 단문)

사물 주어(시간, 장소, 이유, 조건, 양보, 목적의 부사구에서 명사)＋물주 동사(인주 동사의 의미상 능동 형태)＋목적어(인주 주어)

부사구에서 명사인 'The sight of the picture'가 물주 구문의 주어가 되고 동사 'remember'는 의미상 능동형 'remind~of'로, 주어인 'I'는 목적어인 'me'로 바뀐다.

예 Because he was very poor, he could not go abroad for his study. 그는 매우 가난해서 유학을 갈 수 없었다.

→ (Being) very poor, he could not go abroad for his study. (분사구문)

이유절 주어는 주절 주어와 같으니 생략된다. 'being'은 동명사가 아니면 생략된다. 따라서 문장 중에서 때로는 명사, 대명사, 형용사, 부사 등이 뒤에 쉼표를 수반했을 때는 그 앞에 'being'이 생략된 분사구문이라고 보면 된다.

→ Because very poor, he could not go abroad for his study. (접속사＋분사구문)

→ Because of being very poor, he could not go abroad for his study. (전치사+동명사)

접속사 'because'는 전치사 'because of', 'on account of', 'owing to', 'by', 'for' 등으로 바뀌는데 전치사로 바꾸면 뒤에 생략된 'being'은 동명사로 살려주어야 한다.

→ Because of his (the) great poverty, he could not go abroad for his study. (전치사+명사형)

'being poor'는 명사형 'poverty'로 바뀌는데 부사 'very'는 형용사 'great'로 바뀐다. 이때 생략된 'his'를 살리고 정관사 'the'를 생략하기도 한다. 여기서 부사구가 주절 동사의 원인임을 알수 있다. 즉, 대단한 가난이 유학을 못가게 만드는 것이다. 따라서 물주 구문이 가능하다.

→ His great poverty prevented (kept) him from going abroad for his study. (물주 구문 1)

→ His great poverty did not allow him to go abroad for his study. (물주 구문 2)

인주 동사에 'can'이 있으면 물주 동사는 'enable'을 써서 제5형식으로 만들고, 'cannot'이 있으면 'prevent~from+ing' 또는 'keep~from+ing'를 써서 제3형식으로 만들거나 'do not allow'를 써서 제5형식으로 만든다.

예 He was so poor that he could not go abroad for his study. 그는 매우 가난해서 (그 결과) 유학을 갈 수 없었다.

이유절 복문 중 예문처럼 '너무 ~해서 ~하다'와 같은 문장은 같은 의미를 가진 결과절로 전환할 수 있다. 'so~that' 결과절이나 'such~that' 결과절은 'that' 이하가 앞 주절의 부사인 'so'를 수식하거나 형용사인 'such'를 수식하는 결과절인 것이다. 그러나 번역은 이유절 복문과 거의 같다.

→ He was too poor to go abroad for his study. (부정사 결과 표시 불가능)

'so~that s+can+v'는 'enough~to(가능 표시)'로, 'so~that s+cannot+v'는 'too~to(불가능 표시)'로 전환된다.

예 He was very poor, and he could not go abroad for his study. 그는 매우 가난했다. 그래서 그는 유학을 갈 수 없었다.

등위접속사 'and'를 써서 두 복문과 의미가 똑같은 중문을 만들 수 있다. 결국 예로 든 복문과 단문, 중문은 모두 형태는 다르지만 의미는 같은 것이다.

예 If you walk a few minutes, you will get to the station. (조건절 복문)

→ To walk a few minutes, you will get to the station. (부정사)

문두에 나온 부정사가 쉼표를 동반했을 때는 조건이나 양보 표시 부정사다.

→ Walking a few minutes, you will get to the station. (분사구문)

→ If walking a few minutes, you will get to the station. (접속사
＋분사구문)

→ With walking a few minutes, you will get to the station. (전
치사＋동명사)

→ 'If ~ with', 'if ~ not, unless ~ without'으로 바뀐다.

→ With a few minutes' walk, you will get to the station. (전치
사＋명사형)

동명사 'walking'이 명사형 'walk'로 바뀌면 동명사를 수식하는
부사적 대격(전치사가 생략된 부사구) 'a few minutes'는 시간 명사
이므로 소유격으로 바뀐다. 즉 'a few minutes'가 되어 명사를
앞에서 수식한다.

→ A few minutes' walk will take you to the station. (물주 구문)
인주 동사 'get(go)'는 물주 동사 'take'로 바뀌고 'come'은
'bring'으로 바뀐다.

예 Walk a few minutes, and you will get to the station. 몇 분만
걸어라. 그러면 너는 정거장에 도착할 것이다.
'명령문＋and＋s＋v'의 중문은 조건절과 같은 의미다.
cf) Study hard, or you will fail in the SAT exam.

= If you do not study hard, you will fail in the SAT exam.

예 Though he is rich, he cannot be satisfied. (양보절 복문)

→ To be rich, he cannot be satisfied. (부정사)

문두에 나온 부정사가 쉼표를 동반했을 때는 조건이나 양보를 나타내는 부정사다. 여기서는 문맥상 앞뒤가 상반되니 양보를 뜻함을 알 수 있다.

→ (Being) rich, he cannot be satisfied. (분사구문)

'being'은 동명사가 아니니 생략한다.

→ Though rich, he cannot be satisfied. (접속사+분사구문)

→ In spite of being rich, he cannot be satisfied. (전치사+동명사)

'though, although~in spite of', 'despite', 'for all', 'with all'로 바뀐다. 전치사로 바뀌면 생략된 'being'을 반드시 써주어야 한다.

→ In spite of his riches(wealth), he cannot be satisfied. (전치사
    +명사형)

동명사 'being rich'는 명사인 'riches'나 'wealth'로 바뀐다.

→ No amount of riches(wealth) can satisfy him. (물주 구문)

무생물 주어인 'his riches(wealth)'를 그냥 쓰면 양보의 의미인 'in spite of'를 살릴 수 없으므로 같은 의미를 가진 'No amount of'를 첨가해주어야 한다. 인주 동사가 수동이면 물주 동사는 능동으로 바뀐다.

예 He is rich, but he cannot be satisfied. 그는 부자다. 그러나 그는 만족할 수가 없다.

양보절은 반의 접속사 중문과 같은 의미다.

예 He went abroad that(=so that, in order that) he might study physics. 그는 물리학을 공부하기 위해 해외로 갔다.

→ He went abroad to(=so as to=in order to) study physics.

목적절에는 조동사 'may'나 'might' 때로는 'should'를 쓴다. 목적절이 축약되어 목적 표시 부정사가 된다.

→ He went abroad for the purpose of studying physics.

'to(=so as to=in order to)'는 전치사 'for', 'for the purpose of', 'for the sake of', 'with the view of', 'with a view to' 등으로 바꾼다.

예 He walked softly lest he should wake the sleepers.

= He walked softly for fear that he should wake the sleepers.

= He walked softly that he might not wake the sleepers.

그는 잠자는 사람들을 깨우지 않게 하려고 살살 걸었다.

→ He walked softly in order not to wake the sleepers.

= He walked softly so as not to wake the sleepers.

= He walked softly not to wake the sleepers.

목적절인 'lest'에는 조동사 'should'를 쓴다. 이것은 '~을 하지 않을 목적으로'를 뜻하는 부정 목적 표시인데 단문으로 전환하면 목적 표시 부정사가 된다.

→ He walked softly for fear of waking sleepers.

실전

1. 독해

It is therefore in the anatomy of the Mind as in that of the Body; more good will accrue to mankind by attending to the large, open, and perceptible parts, than by studying too much such finer nerves and vessels, the conformations and uses of which will for ever escape our observation?

일반적인 독해법

첫째, 영어 단어와 숙어에 대해 한글 번역을 집어넣는다.

그것은/이다/그렇기 때문에/안의/그/해부/의/그/마음/처럼/

그것 안에서/의/그/몸;/ 많은/이익/일것이다/쌓이다/에게로/

인류/으로써/주의하다/에게로/그/큰/열린/그리고/인지하는/

부분/보다/로서/공부하다/너무/많이/그런/미세한/신경/과/혈

관/그/순응/과/사용/의/일 것이다/영원히/탈출하다/우리의/
관찰.

둘째, 한글 번역을 토대로 자신의 의미대로 대충 해석한다.
셋째, 알면 알고 모르면 포기한다.

구조 분석 독해법
첫째, 문장의 사고 단위로 끊는다. 즉, 형식, 구, 절을 단위로
끊어 읽는다.

그것은 이다 그렇기 때문에/그 해부에서/그 마음의/처럼/그것
안의/그 몸의:/ 많은 이익이 쌓일 것이다/인류에게로/주의함으
로써/그 크고 열린 그리고 인지하는 부분에게로/보다/너무 많
이 공부함으로써/그런 미세한 신경과 혈관을/즉/그 순응과 사
용을/영원히 탈출할 /우리의 관찰을.

둘째, 끊어 읽는 과정 속에서 자세한 문법적 기능이 자동으로
연상되면서 의미 파악에 치중하게 된다.
셋째, 원어민 사고와 일대일 대응하는 정확한 구조적 사고를
가능하게 한다.

2. 작문

사람이 독서에 관해 남에게 줄 수 있는 유일한 충고는 누구의 충고도 따르지 않고 자기 자신의 본능에 따라 자기의 이성을 사용해 자기 자신의 결론에 도달한다는 것이다. 만일 우리들 사이에서 이것에 동의한다면 나는 자유롭게 몇 가지의 생각이나 제안을 내놓을 수 있으리라고 생각한다. 왜냐하면 당신은 독자가 가질 수 있는 가장 중요한 특질인 그 자주성을 그들이 속박하도록 허용해서는 안 되기 때문이다.

일반적인 작문법

첫째, 죽 읽어보고 되는 대로 작문한다.

둘째, 도저히 모르겠으면 포기한다.

구조 분석법

첫째, 한글을 보면서 영어식 구조로 끊어 영어식으로 배열해 나간다. 즉, 형식과 구와 절의 구조로 끊은 후 영어 어순에 따라 쓴다.

The only advice/that/one person can give another/about reading/is to take no advice/to follow your own instincts/to use your own reason/to come to your own conclusions. If/this is agreed/between us/then/I feel at liberty/to put forward a few ideas and suggestions/because/you will not allow them/to

fetter that independence/which/is the most important quality/
that/a reader can possess.

둘째, 영어로 배열하면서 머릿속으로 문법적인 기능을 점검하며 영어식 표현에 적합한지 아닌지를 확인한다.

셋째, 세세한 부분에 대해 다시 훑어보고 어색한 부분과 틀린 부분, 영어식으로 쓰지 않은 부분을 다시 고쳐나간다.

내 아이 영어 마스터 만들기 작전 3 : 어휘력, 독해력, 작문력을 향상시키기 위해 영어 고전 독서를 강화하라

국어로 된 고전의 독서를 통해 독서지능을 높이고 모든 학문의 기초를 튼튼히 쌓을 것을 권유한다. 그러나 초등학교, 아니, 유치원 시절부터 영어를 배워야 하는 우리 아이들이 원어민 수준의 최고급 영어를 구사하는 영어 마스터의 수준까지 최단 시간 내에 가기 위해서는 쉬운 동화책부터 읽기 시작해서 점점 더 높은 수준으로 나아가는 영어 고전 독서를 해야 한다. 미국 초등학교에서 가장 역점을 두는 교육이 바로 영어 읽기 교육이다. 초등학교 저학년 시절부터 끊임없이 독서를 해나가는 것이 잡다한 과목, 특히나 우리나라 학부모들처럼 수학과 과학 교육에 치중하는 것보다 훨씬 더 빠르고 튼튼하게 아이들을 영재로 만드는 길이라는 사실을 명심해야 한다. 영어로 된 책을 계속 읽어나가면 우선 어휘력과 독해력이 부쩍부쩍 늘 것이며, 에세이를 마음대로 쓸 수 있는 상상력과 표현력과 작문 능력을 대대적으로 향상시킬 수 있다.

앞에서 밝힌 고전 독서 교육의 중요성을 여기서 다시 밝힐 필요는 없다. 그러나 영어 고전을 읽히기 위해서는 반드시 다음의 사항들을 명심해야 한다.

1. 아이의 수준에 맞는 쉽고 재미있는 책부터 시작하라

아이들은 꿈과 재미를 추구하는 존재들이다. 그들은 무엇이건 재미있기를 원한다. 그러니 영어 고전 독서도 당연히 재미있기를 바란다. 만일 읽는 영어책이 너무 어렵고 딱딱하고 재미가 없으면 아이들은 금방 물리게 된다. 하지만 흥미로운 책이라면 밥을 먹으면서도 책을 손에서 놓지 않을 것이다.

2. 모르는 어휘는 사전에서 찾고 단어장에 기록하면서 읽혀야 한다

영어 고전들은 사실상 어렵다. 만일 모르는 단어들이 나올 때마다 그냥 넘어가면 대충 뜻은 알겠지만 깊이 있는 내용을 모르게 되니까 점점 더 흥미를 상실해가게 된다. 처음에는 비록 힘들더라도 사전을 찾아가면서 읽다 보면 같은 단어가 자주 중복되어 나오고 또 저절로 어휘력이 향상되어 독서에 필요한 충분한 어휘력을 갖추게 될 것이다.

3. 오디오북이나 유튜브 등을 활용하라

아이들은 근본적으로 시청각 자극에 민감하게 반응한다. 그래서 단순히 활자로 된 책을 읽기보다는 오디오북을 듣는다든지 아니면 책을 읽고 나서 유튜브에 나오는 영화나 드라마 등을 감상하면서 공부하는 것을 즐거워한다. 물론 영어 고전 독서에도 효과는 매우 높을 것이다.

초등학생(12세 전)이 반드시 읽어야 할 고전 영어 도서 목록

1	A Sick Day for Amos McGee	Philip C. Stead	Age 2 and up
2	Corduroy	Don Freeman	Age 2 and up
3	Goodnight Moon	Margaret Wise Brown	Age 2 and up
4	Love You Forever	Robert Munsch	Age 2 and up
5	On the Night You Were Born	Nancy Tillman	Age 2 and up
6	The Very Hungry Caterpillar	Eric Carle	Age 2 and up
7	Chicka Chicka Boom Boom	Bill Martin, Jr. and John Archambault	Age 3 and up
8	Fox in Socks	Dr. Seuss	Age 3 and up
9	The Giving Tree	Shell Sliverstein	Age 3 and up
10	Harold and the Purple Crayon	Crockett Johnson	Age 3 and up

11	The Little Engine That Could	Watty Piper	Age 3 and up
12	Llama Llama Red Pajama	Anna Dewdney	Age 3 and up
13	Oh the Places You'll Go!	Dr. Seuss	Age 3 and up
14	The Saggy Baggy Elephant	K. Jackson and B. Jackson	Age 3 and up
15	The Tale of Peter Rabbit	Beatrix Potter	Age 3 and up
16	Winnie the Pooh	A. A. Milne	Age 3 and up
17	Alexander and the Terrible, Horrible, No Good ,Very Bad Day	Judith Viorst	Age 4 and up
18	Curious George	H. A. Rey	Age 4 and up
19	George and Martha	James Marshall	Age 4 and up
20	Horton Hatches the Egg	Dr Seuss	Age 4 and up
21	If You Give a Moose a Muffin	Laura Numeroff	Age 4 and up
22	I Wish You More	Amy Krouse Rosenth	Age 4 and up
23	The Kissing Hand	Audrey Penn	Age 4 and up
24	Lilly's Purple Plastic Purse	Kevin Henkes	Age 4 and up
25	The Littlest Angel	Charles Tazewell	Age 4 and up
26	Stellaluna	Janell Cannon	Age 4 and up
27	Stone Soup	Jon J. Muth	Age 4 and up

28	The Story about Ping	Marjorie Flack	Age 4 and up
29	The Ugly Duckling	Hans Christian Andersen	Age 4 and up
30	The Velveteen Rabbit	Margery Williams	Ages 4 and up
31	Matthew and the Sea Singer	Jill Paton Walsh	Age 5 and up
32	Skippyjon Jones	Judy Schachner	Age 5 and up
33	The Snowy Day	Ezra Jack Keats	Age 5 and up
34	The Green Children	Kenny Chumbley, Jim McGuiggan	Age 5 and up
35	Jumanji	Chris Van Allsburg	Age 6 and up
36	A Light in the Attic	Shel Silverstein	Age 6 and up
37	Twenty Thousand Leagues Under the Sea	Jules Verne	Age 6 and up
38	Mr. Popper's Penguins	Richard and Florence Atwater	Age 7 and up
39	The Secret Garden	Frances Hodgson Burnett	Age 7 and up
40	Tales of a Fourth Grade Nothing	Judy Blume	Age 7 and up
41	Are You There God? It's Me, Margaret	Judy Blume	Age 8 and up
42	Black Beauty	Anna Sewell	Age 8 and up
43	Bud, Not Buddy	Christopher Paul Curtis	Age 8 and up

44	Charlie and the Chocolate Factory	Roald Dahl	Age 8 and up
45	Charlotte's Web	E. B. White	Age 8 and up
46	Harriet the Spy	Louise Fitzhugh	Age 8 and up
47	Holes	Louis Sachar	Age 8 and up
48	The Last of the Really Great Whangdoodles	Julie Andrews Edwards	Age 8 and up
49	The Lion, the Witch and the Wardrobe	C. S. Lewis	Age 8 and up
50	My Side of the Mountain	Jean Craighead George	Age 8 and up
51	Oliver Twist	Charles Dickens	Age 8 and up
52	The One and Only Ivan	K. A. Applegate	Age 8 and up
53	The Phantom Tollbooth	Norton Juster	Age 8 and up
54	The Trumpet of the Swan	E. B. White	Age 8 and up
55	Treasure Island	Robert Louis Stevenson	Age 8 and up
56	Where the Red Fern Grows	Wilson Rawls	Age 8 and up
57	A Wrinkle in Time	Madeleine L'Engle	Age 8 and up
58	Alice's Adventures in Wonderland	Lewis Carroll	Age 9 and up
59	Anne of Green Gables	L. M. Montgomery	Age 9 and up
60	Bridge to Terabithia	Katherine Paterson	Age 9 and up

61	Freak the Mighty	Rodman Philbrick	Age 9 and up
62	Gulliver's Travels	Jonathan Swift	Age 9 and up
63	Harry Potter and the Sorcerer's Stone	J. K. Rowling	Age 9 and up
64	Island of the Blue Dolphins	Scott O'Dell	Age 9 and up
65	The Little Prince	Antoine de Saint-Exupery	Age 9 and up
66	Number the Stars	Lois Lowry	Age 9 and up
67	Roll of Thunder Hear My Cry	Mildred D. Taylor	Age 9 and up
68	Watership Down	Richard Adams	Age 9 and up
69	The Adventures of Tom Sawyer	Mark Twain	Age 10 and up
70	The Girl Who Drank the Moon	Kelly Barnhill	Age 10 and up
71	The Jungle Book	Rudyard Kipling	Age 10 and up
72	Little Women	Louisa May Alcott	Age 10 and up
73	Tuck Everlasting	Natalie Babbitt	Age 10 and up
74	The Diary of a Young Girl	Anne Frank	Age 12 and up
75	The Giver	Lois Lowry	Age 12 and up
76	Flowers for Algernon	Daniel Keyes	Age 12 and up
77	The Hobbit	J. R. R. Tolkien	Age 12 and up

78	A Tale of Two Cities	Charles Dickens	Age 12 and up
79	That Was Then, This is Now	S. E. Hinton	Age 12 and up
80	The Outsiders	S. E. Hinton	Age 12 and up
81	The Yearling	Marjorie Kinnan Rawlings	Age 12 and up
82	Animal Farm	George Orwell	Young Adult
83	Beauty & the Beast	Rebecca Hammond Yager	Young Adult
84	Catcher in the Rye	J. D. Salinger	Young Adult
85	Don Quixote	Miguel De Cervantes Saavedra	Young Adult
86	Emma	Jane Austen	Young Adult
87	Everything, Everything	Nicola Yoon	Young Adult
88	Farenheit 451	Ray Bradbury	Young Adult
89	Gone With the Wind	Margaret Mitchell	Young Adult
90	I Know Why the Caged Bird Sings	Maya Angelou	Young Adult
91	Jane Eyre	Charlotte Brontë	Young Adult
92	Les Miserables	Victor Hugo	Young Adult
93	Lord of the Flies	William Golding	Young Adult
94	Of Mice and Men	John Steinbeck	Young Adult
95	Pride and Prejudice	Jane Austen	Young Adult

96	Pudd'nhead Wilson	Mark Twain	Young Adult
97	To Kill a Mockingbird	Harper Lee	Young Adult
98	The Old Man and the Sea	Ernest Hemingway	Young Adult
99	A Tree Grows in Brooklyn	Betty Smith	Young Adult
100	Wuthering Heights	Emily Bronte	Young Adult

중고생이 반드시 읽어야 할 고전 영어 도서 목록

1		Beowulf
2	Chinua Achebe	Things Fall Apart
3	James Agee	A Death in the Family
4	Jane Austen	Pride and Prejudice
5	James Baldwin	Go Tell It on the Mountain
6	Samuel Beckett	Waiting for Godot
7	Saul Bellow	The Adventures of Augie March
8	Charlotte Bronte	Jane Eyre
9	Emily Brontë	Wuthering Heights
10	Albert Camus	The Stranger
11	Willa Cather	Death Comes for the Archbishop
12	Geoffrey Chaucer	The Canterbury Tales
13	Anton Chekhov	The Cherry Orchard

14	Kate Chopin	The Awakening
15	Joseph Conrad	Heart of Darkness
16	James Fenimore Cooper	The Last of the Mohicans
17	Stephen Crane	The Red Badge of Courage
18	Dante	Inferno
19	Miguel de Cervantes	Don Quixote
20	Daniel Defoe	Robinson Crusoe
21	Charles Dickens	A Tale of Two Cities
22	Fyodor Dostoyevsky	Crime and Punishment
23	Frederick Douglass	Narrative of the Life of Frederick Douglass
24	Theodore Dreiser	An American Tragedy
25	Alexandre Dumas	The Three Musketeers
26	George Eliot	The Mill on the Floss
27	Ralph Ellison	Invisible Man
28	Ralph Waldo Emerson	Selected Essays
29	William Faulkner	As I Lay Dying
30	William Faulkner	The Sound and the Fury
31	Henry Fielding	Tom Jones
32	F. Scott Fitzgerald	The Great Gatsby
33	Gustave Flaubert	Madame Bovary
34	Pord Madox Ford	The Good Soldier

35	Johann Wolfgang von Goethe	Faust
36	William Golding	Lord of the Flies
37	Thomas Hardy	Tess of the d'Urbervilles
38	Nathaniel Hawthorne	The Scarlet Letter
39	Joseph Heller	Catch-22
40	Ernest Hemingway	A Farewell to Arms
41	Homer	The Iliad
42	Homer	The Odyssey
43	Victor Hugo	The Hunchback of Notre Dame
44	Zora Neale Hurston	Their Eyes Were Watching God
45	Aldous Huxley	Brave New World
46	Henrik Ibsen	A Doll's House
47	Henry James	The Portrait of a Lady
48	Henry James	The Turn of the Screw
49	James Joyce	A Portrait of the Artist as a Young Man
50	Franz Kafka	The Metamorphosis
51	Maxine Hong Kingston	The Woman Warrior
52	Harper Lee	To Kill a Mockingbird
53	Sinclair Lewis	Babbitt
54	Jack London	The Call of the Wild
55	Thomas Mann	The Magic Mountain

56	Gabriel García Márquez	One Hundred Years of Solitude
57	Herman Melville	Bartleby the Scrivener
58	Herman Melville	Moby Dick
59	Arthur Miller	The Crucible
60	Toni Morrison	Beloved
61	Flannery O'Connor	A Good Man Is Hard to Find
62	Eugene O'Neill	Long Day's Journey into Night
63	George Orwell	Animal Farm
64	Boris Pasternak	Doctor Zhivago
65	Sylvia Plath	The Bell Jar
66	Edgar Allan Poe	Selected Tales
67	Marcel Proust	Swann's Way
68	Thomas Pynchon	The Crying of Lot 49
69	Erich Maria Remarque	All Quiet on the Western Front
70	Edmond Rostand	Cyrano de Bergerac
71	Henry Roth	Call It Sleep
72	J. D. Salinger	The Catcher in the Rye
73	William Shakespeare	Hamlet
74	William Shakespeare	Macbeth
75	William Shakespeare	A Midsummer Night's Dream
76	William Shakespeare	Romeo and Juliet

77	George Bernard Shaw	Pygmalion
78	Mary Shelley	Frankenstein
79	Leslie Marmon Silko	Ceremony
80	Alexander Solzhenitsyn	One Day in the Life of Ivan Denisovich
81	Sophocles	Antigone
82	Sophocles	Oedipus Rex
83	John Steinbeck	The Grapes of Wrath
84	Robert Louis Stevenson	Treasure Island
85	Harriet Beecher Stowe	Uncle Tom's Cabin
86	Jonathan Swift	Gulliver's Travels
87	William Thackeray	Vanity Fair
88	Henry David Thoreau	Walden
89	Lev Tolstoi	War and Peace
90	Ivan Turgenev	Fathers and Sons
91	Mark Twain	The Adventures of Huckleberry Finn
92	Voltaire	Candide
93	Kurt Jr. Vonnegut	Slaughterhouse-Five
94	Alice Walker	The Color Purple
95	Edith Wharton	The House of Mirth
96	Eudora Welty	The Collected Stories of Eudora Welty
97	Walt Whitman	Leaves of Grass

98	Oscar Wilde	The Picture of Dorian Gray
99	Tennessee Williams	The Glass Menagerie
100	Virginia Woolf	To the Lighthouse
101	Richard Wright	Native Son

내 아이 영어 마스터 만들기 작전 4 : 영어 듣기는 반드시 원어민과 매일 연습하라

1. 원어민 발음으로 녹음된 쉬운 영어 고전 오디오북부터 듣기 시작하라

원어민들도 아이들에게 오디오북을 통해 듣기 능력을 강화시킨다. 오디오북은 듣기와 독해력 향상에 큰 도움을 준다. 오디오북은 아마존에서 구하기가 그리 어렵지 않다. 'Audion Books for Kids'를 치면 많은 책의 목록이 나올 것이다. 여기서 우선 쉽고 재미있는 것을 선택해서 반복적으로 들으면서 책을 읽히는 것이 매우 중요하다. 이때 모르는 어휘는 반드시 찾아서 단어장 등에 기입하면서 읽고 문장들도 이해하면서 나아가야 한다. 이해하지 못하고 그냥 책을 듣기만 하거나 읽기만 하면 아무런 도움이 되지 않고 영어 실력이 늘지 않는다는 사실을 명심해야 한다.

2. 유튜브 등에서 15분 정도 되는 단편 애니메이션이나 드라마

를 찾아 공부시키라

처음에는 자막 없이 그냥 듣게 한다. 이렇게 자막 없이 듣기만 하면 처음에는 무슨 말인지 하나도 알 수가 없을 것이다. 그러나 이렇게 전혀 내용을 모르는 채 알아들으려고 노력해야 청취력이 향상된다는 것을 알아야 한다. 그런 후에 이번에는 영어 자막을 켜고 자막을 보면서 듣기 연습을 시킨다. 대부분의 동영상은 유튜브에서 영어 자막을 만들어놓았으니 이것을 이용하면 매우 효과적으로 영어 듣기 훈련을 할 수 있다.

3. 유튜브 등에서 성경 이야기, 위인물, 고전 등의 드라마를 찾아 공부시키라

성경에 나오는 이야기나 인물을 드라마화한 것은 발음도 깨끗할 뿐더러 드라마 자체의 품질도 우수하고, 내용도 교훈적이며 교양에도 큰 도움이 되므로 영어 듣기를 연습하는 데는 매우 훌륭한 자료가 된다. 또한 위인물이나 고전 영화들은 듣기 연습을 하는 데 매우 유익하므로 좋은 내용들을 찾아 우리 아이가 부지런히 듣기 공부를 할 수 있도록 한다.

4. 뉴스, TV 드라마, 영화, 현지 대학 강의, 영어 성경 읽기 등을 찾아 듣기 연습을 일상화한다.

이 수준에 도달하면 거의 토플 듣기에서 30점 만점에 20점

171

이상은 된다. 그런데 우리 아이들의 청취력은 영어를 단 일주일만 손에서 놔도 많이 감소된다. 다시 말하면 듣기 연습을 일상화해야 한다는 것이다. 물론 이 수준에 이르려면 엄청난 듣기 공부와 함께 구조 파악력과 독해력 등이 필요하다. 그러나 여기서 더욱 진일보하지 않으면 오히려 퇴보하는 길로 나가게 되니 조심할 일이다.

사실 오늘날은 유튜브 시대라고 해도 과언이 아닐 정도로 유튜브 안에 내가 필요한 듣기 학습 자료가 무진장으로 널려 있다. 다만 내 아이의 수준에 맞고 흥미를 계속 유발시킬 수 있는 자료들을 발굴하는 것은 그리 쉬운 문제가 아니다. 그러나 하버드대학이나 MIT대학 등에서 무료 온라인 강좌를 개최함으로써 일반인들에게 많은 도움을 주고 있다. 이런 강좌들을 잘 듣고 활용하면 현지에 가서 공부하는 것 못지않은 큰 혜택을 볼 수 있다.

또한 나의 경험으로는 'Bible Gateway' 사이트에 들어가서 영어 성경을 다운로드해 오디오로 매일 『구약성서』와 『신약성서』를 한두 장씩 듣는 것이 듣기 연습에 큰 도움이 된다. 그리고 스마트폰의 플레이스토어에 들어가서 필요한 애플리케이션을 찾으면 아주 좋은 자료를 얻을 수 있다. 심지어는 CNN이나 BBC 방송 같은 좋은 뉴스와 교양 프로그램도 얼마든지 애플리케이션을 깔고 듣기 연습에 활용할 수 있다.

내 아이 영어 마스터 만들기 작전 5 : 영어 말하기는 반드시 원어민과 매일 연습하라

1. 회화 연습 애플리케이션을 스마트폰이나 PC에 깔고 매일 조금씩이라도 말하는 연습을 하라

요즘 스마트폰이나 PC에서는 플레이스토어나 애플스토어에 들어가면 정말 좋은 영어 회화 말하기 애플리케이션이 있다. 이런 애플리케이션을 고를 때는 적어도 100만 명 이상이 선택한 애플리케이션을 일단 골라놓고 자신이 직접 해본 뒤에 마음에 들면 그냥 쓰고 불필요하면 지워버리면 된다. 이런 애플리케이션을 활용하여 일단 기초적인 상황 회화를 완전히 익히고 난 뒤 실전으로 넘어가야 할 것이다.

2. 원어민 친구들을 사귀라

사실 한국에서도 마음만 먹으면 얼마든지 원어민들과 사귀면서 영어 말하기를 연습할 수 있다. 물론 아이들이 컴퓨터로 온라인 게임을 하면서 원어민과 영어로 대화를 할 수도 있다. 하지만 이 경우에는 자칫하면 게임 중독자가 될 우려가 있으니 별로 추천하고 싶은 방법은 아니다. 또 하나의 좋은 방법은 원어민이 설교하는 주변 교회에 나가는 길이다. 교회에 나가서 그 원어민의 설교를 듣고 영어로 대화를 해나가면 영어 회화에 많은 도움을 받을 수 있다. 우리나라의 대목사라는 분들도 선교사들과 가까이 지내며 영어를 직접 배운다는 것은 잘 알려진 사실이다. 또한 한국에 소재한 외국인 학교 학생들과 교류하는 것도 좋은 방법이 될 것이다. 가장 좋은 방법은 물론 집의 공간에 여유가 있다면 영미권 교환학생 홈스테이를 운영하는 것이다. 그러나 이 방법은 가족들과의 화합, 가정 형편에 따라 신중하게 고려할 일이다.

3. 원어민 영어 회화 튜터를 잘 두라

원어민이 근무하는 영어 회화 학원이나 영국 문화원 같은 데를 다니면서 원어민 선생과 친하게 지내는 것도 좋은 방법이다. 그러나 아무래도 선생과 학생의 나이 차이도 있고 가까이하는 것이 쉽지 않으니 나이가 젊은 영어 회화 튜터를 두고 회화를 배우는 것도 매우 바람직한 일이다.

4. 방학 중에는 영미권 단기 어학연수 프로그램을 정기적으로 다녀오라

물론 이것은 경제적으로 능력이 있는 가정에 해당되는 이야기일 것이다. 그러나 내가 보스턴에서 많은 영어 영재들을 상담하면서 느낀 것은 방학 때마다 영미권에 와서 공부해온 학생들과 급작스럽게 조기 유학을 온 학생들 간에는 실력 차가 엄청나다는 것이다. 전자들은 국내에서 가장 바람직한 영어 교육 환경에서 성장하면서 방학을 이용하여 단기 어학연수를 해온 것이다. 그러나 국내에서 별로 바람직스럽지 못한 영어 교육 환경에 있던 학생들이 갑자기 교환 유학이나 단기 유학, 조기 유학을 와도 영어 실력이 그렇게 향상되지는 않더라는 것이다. 즉, 국내에서 영어를 마스터하지 못한 사람은 해외에 나가서도 영어 마스터가 될 가능성이 희박하다는 것이다. 이런 점을 생각하고 영어는 국내에서 마스터한다는 각오로 내 아이에게 영어를 효과적으로 가르쳐야 할 것이다.

내 아이 영어 마스터 만들기 작전 6 : 국제공인 영어 점수를 획득시켜라

오늘날처럼 우리 아이들에게 곤혹스러운 시대도 없을 것이다. 학교 공부하기도 매우 바쁜데 또 공인 영어 시험을 치러 자격을 획득해야 하니 이 얼마나 괴롭고 힘들겠는가 말이다. 하지만 영어 공부를 즐기면서 해왔다면 이런 국제공인 영어 시험을 보는 것은 그리 어려운 일도 아니다. 현재의 수준을 정확하게 측정하여 앞으로의 학업 계획을 수립하는 데 매우 유용하므로 우리 아이들에게 국제공인 영어 시험 점수를 받을 것을 강력히 권한다.

물론 국제공인 영어 시험은 주로 TOEFL과 IELTS로 나뉜다. 토플은 미국의 ETS 재단이 주관하는 외국인을 위한 영어 시험인데 영미권 나라 어디에서나 통하는 국제공인 영어 시험이다. 그런데 요즘 미국에 입국하기가 매우 힘들어졌고 또 미국 유학을 갔다 와도 그

다지 취업이 안 되다 보니 영연방 또는 영국 영어를 선호하는 국가들 쪽으로 유학을 가거나 직장을 구하거나 이민을 가는 사람이 많이 늘어나 토플보다 IELTS를 선호하는 사람들이 많이 늘어났다.

그래서 토플과 IELTS를 동일한 비중으로 설명하고자 한다. 토플은 듣기, 말하기, 읽기, 쓰기의 네 분야를 테스트하는데 총점 120점 만점으로서 총 80점 이상 득점하면 미국의 웬만한 고등학교나 대학에 진학할 수 있다.

세계공인영어 시험 준비에 관한 정보

토플 고득점 전략

예전에 보던 토플 PBT는 바뀐 iBT에 견주면 그리 어렵지 않았다. 듣기, 구조, 독해 세 부분으로 나뉘어 있었는데, 듣기도 그저 짧은 일상 대화와 강의 청취 등으로 이루어져 있었다. 그래서 만점인 680점을 받는 숫자가 너무 많아지다 보니 변별력이 떨어졌다. 심지어 유명 토플 학원에서 수개월만 찍기 공부를 해도 600점이 넘는 결과가 나오기도 했다. 게다가 중국 교육 당국과 유학 준비생들의 대규모 부정행위로 만점짜리가 쏟아지게 되었다. 그 결과 PBT는 그 기능이 정지되어버렸다.

결과적으로 어떻게 하면 외국인 학생들의 영어 실력을 정밀하게 진단할 수 있을까 하는 ETSEducation Testing Services 당국자들의 고민에 따라 CBT를 거쳐 드디어 인터넷을 기반으로 한 iBT의 시대가 열렸다. 그런데 이 시험이 얼마나 까다롭고 점수가 안 나오는지 한 번에 170달러나 하는 이 어려운 시험을 위해 한국의 수많은 유학 준비생들이 엄청난 고생을 하고 있어 안타깝기가 그지없다. 그래서 34년 동안 해온 영어 교육과 13년 동안 해온 조기 유학 지도, 6년 동안 해온 미국 선교 경험을 통해 터득한 토플에서 고득점을 올리는 방법을 제시하고자 한다.

물론 학생마다 능력과 형편이 다르고 현재까지 공부해온 방법이 다를 것은 자명하다. 그러나 본질적으로 고급 영어를 구사할 능력을 갖추었느냐 아니냐를 판단하는 시험인 토플에서 고득점을 맞는 길은 비슷하다고 본다. 자칭 토플 전문가들이 지천으로 널려 있는 것이 우리나라 형편이다 보니 내 진술이 과연 학생들에게 어떤 도움이 될지 모르지만 영어 교육가로서 최선을 다해 찾아낸 방법을 진술하고자 한다.

1. 토플이란

TOEFL Test of English as a Foreign Language은 영어가 모국어가 아닌 사람의 영어 실력을 평가하는 것을 목적으로 하는 시험이다. 주관과 문제 출제는 교육 시험 전문 회사인 ETS에서 하고 있다. 토플 성적은 미국이나 캐나다 소재 2년제 혹은 4년제 대학교 2,400개 이상에서 입학 자격으로 요구한다. 영어를 사용하는 기관이나 정부 기구, 장학 프로그램, 자격증 관련 기관에서도 토플 성적을 요구한다.

토플은 미국 대학 교양 영어 수준의 듣기, 말하기, 독해, 작문 능력을 측정한다. PBTPaper-Based Test, CBTComputer-Based Test 방식을 거쳐 2005년 9월부터 인터넷을 기반으로 한 iBTinternet-based Test 방식으로 바뀌었다. 시험 분야는 독해Reading, 듣기Listening, 말하기 Speaking, 작문Writing으로 나뉘는데, iBT 방식이 도입되면서 문법 영역이 없어지고 말하기 영역이 새로 생겼으며 청취 부분에서는 CBT에 비해 지문이 훨씬 길어졌고 말하는 사람의 의도를 묻는 질문이 추가되었다.

토플 시험은 전 세계 165개 나라 시험 센터 4,500곳에서 연간 30~40회 실시된다. 응시 제한 회수는 없다. 한국에서는 전국 주요 도시에 있는 교육기관을 시험 센터로 지정해놓고 지정한 기일에 시험을 치르고 있다. 한국에서 실시하는 토플 시험 일정과 장소는 해당 사이트를 참조하기 바란다(http://www.ets.org/Media/Tests/TOEFL/tclists/IBT_k.html).

토플 점수는 약 17점에서 만점인 120점 사이에서 점수가 부여되는데, 학교마다 요구하는 점수가 다르지만 대개 고등학교나 대학 입학에는 최소한 80점(PBT 550점, CBT 213점에 해당), 아이비리그나 명문대학교와 대학원은 100점(PBT 600점, CBT 250점에 해당) 이상을 요구한다.

iBT 토플의 시험문제 개요(200~250분, 120점 만점)

	시간	문항 수	점수	과제
독해	60~80분	36~56문항	30점	미국 대학 수준인 인문·사회과학, 자연과학 지문 3~4개를 읽고 사지선다형 질문에 대답하는 내용
듣기	60~90분	34~51문항	30점	대학 강의, 교실 토론, 대화를 듣고 답하는 문제
휴식	10분			
말하기	20분	6문항	30점	친숙한 주제에 대해 자기 의견을 말하기, 읽는 문제와 듣는 문제를 기초로 해서 말하기
작문	50분	2문항	30점	읽기와 듣기 문제를 기초로 해서 에세이 쓰기, 글쓰기로 의견을 표명하기

2. 독해에서 고득점을 얻기 위한 전략

출제 유형	정보 확인Fact & Negation
지문당 출제 문항 수	3~4
내용	사실을 인지하고 있는지를 바꿔 쓰기paraphrase 형식으로 확인한다.
득점 전략	강력한 어휘력을 쌓은 뒤에 문제를 자기 생각으로 바꾸어 쓰는 연습을 해야 한다.
출제 유형	어휘 능력 측정Vocabulary
지문당 출제 문항 수	3~4
내용	문맥에서 어떤 어휘의 정확한 의미와 그에 대한 쓰임을

	이해하고 있는지 해당어의 동의어, 반의어를 물음(주로 동사, 형용사, 부사)
득점 전략	평소에 글을 읽을 때 문맥에서 어휘가 정확하게 무엇을 의미하는지 파악하면서 읽고 중요한 어휘에 대해 동의어, 반의어, 파생어를 정리하는 노력이 필요하다.
출제 유형	지시 대상 찾기ǀReference
지문당 출제 문항 수	1
내용	지문에서 대명사 등이 가리키는 대상을 물어본다.
득점 전략	인칭대명사, 지시대명사, 대명사, 부정대명사, 관계대명사 등을 철저히 공부하되, 문장을 읽을 때 지시어가 가리키는 대상을 정확하게 인지하는 연습을 해야 한다.
출제 유형	명제 추론하기ǀInference
지문당 출제 문항 수	2~3
내용	지문에서 인용된 사실을 기준으로 해서 출제된 명제 중에서 옳은 명제를 고르는 문제
득점 전략	이런 문제는 반드시 지문 내에서 기술된 사실을 바탕으로 해야 하고 마음대로 생각하거나 확신하는 사실이 아니므로 객관적인 추론의 능력을 길러야 한다.
출제 유형	수사학적 목적ǀRhetorical Purpose
지문당 출제 문항 수	1~2
내용	지문에서 드러나지는 않았지만 작가의 수사학이 의도하는 참된 목적이 무엇인지를 파악하는 문제
득점 전략	은유, 직유, 풍유, 의인법 등 수사학적 기법에 대한 충분한 이해가 선행되어야 하며 문장을 읽으면서 수사학적 표현이 있을 때 작가의 의도를 정확하게 파악하는 훈련을 거쳐야 한다.
출제 유형	끼워 넣기ǀInsertion
지문당 출제 문항 수	1

내용	지문에서 빠진 문장을 삽입함으로써 글의 전체적인 논리적 통일성을 유추하는 능력을 묻는 문제
득점 전략	글을 읽고 쓸 때마다 서론, 본론, 결론의 원칙 속에서 전체적 통일성을 항상 논리적으로 따지는 훈련을 해야 한다.
출제 유형	문장 단순화하기|Sentence Simplication
지문당 출제 문항 수	1
내용	복잡한 문장 구조에서 전개되는 깊은 의미를 단순화해 빠르고 쉽게 문장을 바꿔 쓰기 할 수 있는지를 묻는 문제
득점 전략	복잡한 문장을 대할 때 자신의 입장에서 어떻게 단순하고 명료 하고 평이하고 자연스러운 글을 쓸 수 있는지를 연구해야 한다.
출제 유형	전체 지문 요약하기|Prose Summary
지문당 출제 문항 수	2
내용	전체 지문을 읽고 요약하는 문제로, 보기 6개 중 3개를 고른다. 3개를 다 맞으면 2점, 2개가 맞으면 1점, 1개나 0개가 맞으면 0점.
득점 전략	긴 글을 빨리 읽고 전체 요지를 파악하되, 문단의 구조와 글의 짜임을 고려하며 구절과 문장을 노트에 써놓는다.
출제 유형	정보 분류 문제|Category Chart
지문당 출제 문항 수	3*
내용	전체적인 글의 중요한 정보들을 제시된 기준에 따라 분류하고 조직화할 수 있는 능력을 묻는 문제
득점 전략	전체 글을 한숨에 읽으면서 중요한 정보들을 파악하고 그것들을 일정한 기준으로 분류하고 정리한다.

*7개 중 5개 선택: 3점 배점, 9개 중 7개 선택: 4점 배점

iBT 토플의 독해가 어려운 것은 출제되는 지문이 인문·사회

과학, 자연과학 분야에서 각각 한 문장씩 긴 지문을 주고 빠른 시간 안에 읽고 수많은 문제들을 풀어야 하기 때문이다. 난이도 또한 대학 수준이다 보니 결코 읽기가 쉽지 않다. 우선 시간이 매우 빠듯하다. 문과생들에게 자연과학 지문이 첫 문제로 나온다면 지문을 읽고 문제를 푸는 데 너무 많은 시간을 허비할 수 있다. 게다가 이어지는 인문과학이나 사회과학 지문도 절대 쉽지 않다. 결국 세 번째 지문을 읽을 때면 이미 시간이 많이 흘러 낭패를 보기가 십상이다. 그 때문에 다음과 같은 요령이 필요하다.

첫째, 토플 독해에서 고득점을 얻으려면 우선 막강한 어휘력이 필요하다. 평소에 기본 표제어 3,500개와 동의어, 반의어, 파생어 등 적어도 3만 3,000개 범위 안에 있는 어휘를 철저히 익혀야 한다. 특히 문맥 속에서 그 어휘가 차지하는 의미와 기능에 대해 정확하게 파악하고 있어야 한다. 내가 미국 조기 유학생들을 가르치다가 독해 성적이 도무지 오르지 않아 원인을 파헤친 적이 있다. 학생들에게 긴 지문을 주고 내 앞에서 읽으며 해석을 해보라고 시켰더니 대부분 단어 뜻을 정확하게 알지 못해서 문장을 대충대충 해석할 뿐이었다. 기본 구조 실력은 어느 정도 있어도 어휘 실력이 엉망이면 결코 독해력이 늘지 않는다.

둘째, 문장의 형식, 구와 절과 기본 품사 지식 등이 잘 갖추어져 있어야 한다. 긴 문장을 빨리 읽다 보면 도무지 무슨 소리를 하는지도 모르고 그저 읽기 마련이다. 그러나 문장구조를 알고 있으면 머릿속으로 문장을 끊어 읽으며 의미를 파악할 수 있다. 그렇기 때문에 문장구조 실력을 강력하게 갖추어야 토플 독해에서 고득점을 기대할 수 있다.

셋째, iBT 토플을 준비할 때 독해 문제를 풀기 전 모의고사 문제나 문제집에 나오는 각종 자료를 직접 시간을 재며 풀어보되, 반드시 정확하고 천천히 읽으며 문장 내 어휘, 구조, 수사법, 지문 구성, 문제 유형 등을 파악해야 한다. 그래야 자기 것으로 만들 수 있다. 이렇게 인문·사회과학, 자연과학 지문을 우선 100개 정도 천천히, 정확히, 철저하게 정복하자. 그러면 이제 겨우 토플 독해를 할 수 있는 기초가 정리된 셈이다. 아마 이 정도 수준에서는 19점을 넘기가 어려울 것이다.

넷째, 어느 정도 기초를 확립했다면 각종 지문 1,000여 개를 목표로 정해 깊고 광범위하게 정복할 필요가 있다. 이때에는 속도를 반드시 고려하면서 정확하고 빠르게 읽는 훈련을 해야 한다. 물론 문장의 구조와 구성, 각 문단의 핵심어를 파악해 노트에 적어나가면서 공부해야 한다. 이런 후에 비로소 iBT 토플의 모의고사를 인터넷으로 직접 연습해보아야 한다. 적어도 인터넷 모의고사를 5번 이상 풀어보고 나서 자신의 장단점을 파악한 후 취약점을 보강해 실전에 대비해야 할 것이다. 그러나 토플 독해 준비에서 가장 효과적인 것은 역시 평소에 인문·사회과학, 자연과학 분야 책을 폭넓게 독서해나가는 것이다. 이 길이 가장 좋은 고득점 전략이라는 것을 명심하자.

3. 듣기에서 고득점을 얻기 위한 전략

iBT 토플 듣기 시험의 특징

문제 구성의 특징	iBT 토플의 듣기는 세트 단위로 되어 있다.
1세트 구성	대화Conversation: 1개, 5문항 / 강의Lecture: 1개, 12문항 / 모두: 17문항
시험 유형	2세트형: 34문항 3세트형: 51문항 *사전에 어떤 유형인지는 알 수 없다.
시험 시간	문제를 푸는 시간은 세트별로 10분씩(단 듣는 시간 제외). 1문제당 30초가 넘는 시간을 준다.
총점	30점

iBT 토플 듣기 시험의 문제 유형

주요 개념Main Idea	지문을 듣고 주제를 고르기
세부 사항Detail	지문을 듣고 세부 사항에 대해 답하기
반복Replay	한 번 들려준 다음 다시 들려주고 화자의 의도와 태도를 이해하는지를 묻는다.
목록List	언급된 것이 맞느냐 아니냐 혹은 그런 내용이 포함되어 있느냐 아니냐를 묻는다.
짝 맞추기Matching	범주별로 특징을 짝짓는 문제
차례Ordering	들은 내용을 차례대로 집어넣는 문제
추론Inference	들은 내용에 대해 추론해서 답을 고르는 문제

기초 단계에서는 파닉스를 충실하게 학습한다

파닉스의 기초를 튼튼히 하는 것이 듣기와 말하기에서 중요

185

하다. 자음과 모음의 정확한 발음, 악센트와 억양, 연음법칙을 익혀서 영어 발음이 원어민에 가깝도록 노력해야 한다. 이 과정을 적당히 생략하고 토플 듣기와 말하기에서 고득점을 올리려는 생각은 애초부터 포기하라. 파닉스의 기초가 완벽하지 않은 상태에서 토플의 고득점을 추구하는 것은 완벽한 낚시 도구도 없이 그저 대어를 요행으로 낚기를 기대하는 것이나 마찬가지기 때문이다.

미국 유치원Pre-K 과정 파닉스부터 다시 시작하라. 그 과정을 완벽히 끝낸 후에 미국 초등학교 과정 파닉스를 듣고 쓰고 따라 말해 튼튼한 기초를 확립하라. 이것이 토플 고득점을 위한 길일 뿐만 아니라 평생 영어를 하는 데 결정적인 기반이 될 것이다.

명심할 것은 파닉스 공부를 할 때 자신의 나이와 학년과 학력 등을 모두 버리고 겸허해져야 한다는 사실이다. 처음으로 영어를 배우는 사람처럼 마음을 비우고 자음 하나, 모음 하나를 자기 뇌 속에서 그대로 담아두라. 언어 지각이 완벽하게 발동하기 위해서는 기존의 잘못된 지각을 지워야 한다. 그동안 대충 배운 파닉스를 기초부터 완벽히 습득해 자기 것으로 인지하는 과정이 필요하다.

한두 번 듣는 것으로는 도저히 불가능한 일이다. 음운이라는 것 자체가 사실상 뇌의 언어 지각력이 습득한 기호다. 지상에 존재하는 수많은 사람들이 내는 서로 다른 야릇한 소리를 뇌가 지각한다는 것은 인지한다는 것이지 결코 그 소리가 원음은 아니다. 다시 말해 뇌가 스스로 지각한 소리일 뿐이다. 어떤 자음 하나, 모음 하나를 완벽하게 뇌가 지각하기 위해서는 수천 번 반복해서 듣고 말하는 과정이 필요하다.

이때 반드시 명심할 것은 대충 따라 하지 말고 원어민의 입 모양, 혀의 위치, 소리가 나오는 경로, 소리의 특징 등을 철저히 파악해가면서 똑같은 방식으로 소리를 내는 연습을 수없이 되풀이해야 한다는 점이다. 영어의 자음과 모음은 한국어와 많이 다르다. 피나는 연습으로 원어민 발음과 같은 수준으로 끌어올려야 한다.

기본 문장구조의 패턴을 암기하고 상황 영어 구조를 습득한다

영어 회화를 생활 영어라는 이름으로 문어체 영어와 아무 상관없이 공부하는 사람들이 한때 참 많았다. 그들은 그저 앵무새처럼 기본적인 말을 암기한 후 그것을 강사와 학생 사이에 또는 학생끼리 반복적으로 주고받음으로써 회화 공부를 할 수 있는 것처럼 착각했다.

하지만 문제는 그렇게 외운 생활 영어가 일상생활에서 무슨 도움이 되겠느냐는 것이다. 그렇게 한 공부는 현장에 가면 사용할 수 없다. 왜냐하면 원어민이 말하는 것을 도무지 알아들을 수 없고 대답하려고 해도 이미 외운 상황과는 다른 것으로 바뀌기 때문이다. 특히나 그런 식으로 영어를 공부하는 것은 토플 듣기 같은 고급 영어에는 전혀 맞지 않는다.

새로 바뀐 토플 듣기는 거의 토플 독해 수준으로 영어 기본 구조 능력을 요구한다. 전혀 영어 문장구조에 능숙하지 않은 사람이라면 도무지 손도 대지 못할 만큼 길고 복잡한 문장을 말이라는 형태로 묻기 때문이다. 그러므로 영어의 기본 문장과 구와 절, 태와 시제, 조동사 등 품사의 기본 골격을 암기하고 있어야 토플 듣기가 가능하다.

다음으로는 상황 영어를 완벽하게 습득하기를 권한다. 여기서 상황 영어라는 것은 미국인의 일상생활에서 일어나는 상황에 필요한 가장 기본적인 표현을 말한다. 예를 들어 미국인을 처음 만났을 때 대부분 "Glad to meet you" 또는 "Nice to see you" 또는 "Happy to meet you"라고 말한다. 그리고 무슨 일이 끝났을 때 동부인들은 "I've done it"이라는 표현보다 "All set"이라는 표현을 주로 쓴다.

이런 기본적인 상황에 필요한 영어 회화를 익히라는 것이다. 이것은 한국식으로 "How old are you?"와 같은 표현 또는 "Is that building tall?" 같은 멍청한 표현과는 다른 것이다. 기본적인 생활 표현을 다루는 책들과 CD, DVD, 웹사이트 등은 엄청 많다. 표현이 다양하고 정확하며 원어민의 발음이 깨끗한 것을 골라 최소한 5번 이상 반복해 들음으로써 어떤 상황에서도 기본적인 표현을 구사할 수 있도록 하자. 이것이 토플 듣기 과정에 들어가는 데 기초가 될 것이다.

평소에 영어로 영화와 드라마 등을 즐겨야 한다

하루에 적어도 1시간 이상 영어 듣기 연습을 매일 하는 생활을 할 것을 권한다. 귀를 뚫는 데는 매일 영어 방송을 듣는 것보다 좋은 것이 없다. 예전에는 AFKN 방송을 들으며 받아쓰는 연습을 많이 했다. 그러나 내가 AFKN TODAY라는 AFKN 청취 카세트 테이프를 제작할 때 고급 학력인 미8군 장교에게 방송을 녹음한 테이프를 주고 대본을 부탁했지만 그들 역시 100퍼센트 정확하게 옮겨 적지 못했다. 나머지를 찾아내느라고 수백 번을 반복해서 들어야 했다. 그러므로 처음에는 대본이 있는 것으로 시작하는 것이 좋다.

처음에는 그냥 3~4번을 듣는다. 그다음에는 대화 하나하나를 들으면서 진행해나가되, 모르는 부분을 만나면 일단 정지한 상태에서 자기가 들은 내용을 노트에 재빨리 써본다. 그래도 안 들리면 계속 들릴 때까지 되풀이해 써본다. 20~30번 되풀이했는데도 안 들리면 그 부분은 당신의 뇌가 인지하지 못하는 것이다. 그럴 때 대본을 한 번 보라. 그러고 나서 들리면 별 문제가 없지만 그래도 안 들리거나 다른 말로 들린다면 그것은 당신은 그 말을 깨닫지 못하거나 대본이 틀린 것이다. 이럴 경우 다시 수십 회를 더 반복해서 들어보고 그래도 안 되면 일단 그 부분을 체크한 다음에 다른 부분으로 넘어가라.

이런 식으로 영화나 드라마 한 편을 완전히 소화하면 토플 듣기의 기초를 완성할 수 있다. 이후에도 거의 매일 영어 방송이나 영화나 드라마를 주의 깊게 시청함으로써 청취력 향상을 꾀할 수 있다. 영어 방송이나 영화나 드라마가 거의 들리는 수준이 된다면 토플 듣기는 아마 18~20점대로 접근하게 될 것이다.

하버드대학 등에서 실시하는 온라인 강좌를 활용한다

토플 듣기는 대학 생활을 제대로 할 수 있는지를 테스트하는 것이다. 그렇기 때문에 대학 생활을 직접 해보는 것이 가장 이상적일 것이다. 그러나 한국 학생들이 그렇게 할 수 없으므로 대학 온라인 강좌를 수강하는 것이 듣기 공부에 아주 좋다. 물론 인문 · 사회과학, 자연과학 분야별로 한 과목씩 수강을 해보는 것이 좋을 것이다.

요즈음 MIT에서 공개한 무료 온라인 강좌가 대단히 인기다. 미국에서는 강좌를 수강하면 정규 학점으로 인정해주는 프로그램이 있다. 미국 내 많은 학교가 온라인 강좌를 실시하고 있다. 이제 하버드대학도 그 대열에 합류했다. 하버드 개방대학교Harvard Extension School의 온라인 과정도 유명하다. 엑셀시어 칼리지Excelsior College의 온라인 프로그램도 매우 짜임새 있고 훌륭하다.

물론 영어 듣기가 능숙하지 않은 학생은 매우 힘든 과정일 것이다. 그러나 교수의 발음이 깨끗하고 가르치는 내용과 기술도 아주 훌륭하므로 처음에는 힘들더라도 꾸준히 공부한다면 한 과정을 끝냈을 때 대단히 만족할 만한 결과를 얻을 수 있다.

토플을 신청하기 전에 모의고사를 거쳐야 한다

토플 듣기에서 고득점을 얻고자 한다면 반드시 문제 유형에 친숙해져야 한다. 그러기 위해서는 내가 언급한 문제 유형을 직접 모의고사를 통해 확인하며 풀어볼 필요가 있다. 그러나 모의고사를 보기 전에는 반드시 다음 학습 과정을 거쳐야 한다.

첫째, 대본이 있는 문제집을 가지고 토플 듣기 연습을 철저히 하라. 시중에 나와 있는 토플책 중 듣기 부분이 잘돼 있는 것이 많이 있다. 처음에는 시간을 재어서 17문제에 10분을 준다. 그런 다음 답을 직접 맞추어보라. 처음에는 별로 만족스럽지 못한 점수가 나오더라도 신경 쓰지 말고 또 풀어본다. 그 결과는 조금 나아질 것이다. 하지만 아직도 결과가 만족스럽지 못할 것이다. 한 번 더 풀어보라. 아마 그래도 상당한 부분이 이해되지 않을 것이다. 그때 가서야 책 뒤에 있는 대본을 가지고 들으면서 정확하게 내용을 체크한다. 그래도 이해되지 않는 부분이 있으면 2~3번 더 들은 후 다음 문제로 넘어가야 한다. 한 세트가 대화와 강의로 모두 17문항이니 이런 식으로 계산해 최소한 100세트를 완성할 때까지 계속 연습해야 독해에서 고득점을 기약할 수 있음을 명심하라.

둘째, 유튜브나 웹사이트 온라인 듣기 실전 문제를 연습한 후 모의고사에 등록하라. 유튜브나 웹사이트에는 토플 듣기 실전 연습 문제가 많이 있다. 이런 것을 최소한 100세트 이상을 들으며 인문·사회과학, 자연과학 문제를 연습해야 한다. 물론 유튜브는 무료고 웹사이트는 무료도 있고 유료도 있다. 그러나 유·무료가 중요한 것이 아니라 무엇이 가장 효율적인지가 제일 중요하다. 듣기 실전 문제 연습을 반드시 온라인에서 하는 것이 좋은 것은 컴퓨터를 통해 인터넷 기반으로 듣기 연습을 할 수 있기 때문이다. 유튜브에 'iBT TOEFL

Listening Practice'라고 치면 무수히 많은 동영상이 뜰 것이다. 그러나 여기에는 영국식 발음과 미국식 발음이 혼재되어 있으므로 되도록 미국식 발음을 골라 연습할 것을 권한다.

조선닷컴www.chosun.com에서 운영하는 모의고사는 말 그대로 모의고사다. 실전 문제와 똑같고 평가도 거의 비슷하다. 물론 작문 채점이야 다소 차이가 있겠지만 말이다. 그런데 이것은 답을 맞추어보기가 불가능하다. 점수만 나오기 때문에 학습 자료로 삼을 생각은 말아야 한다. 그렇기 때문에 비싼 돈을 들여 쓸데없이 자꾸 모의고사를 보기보다는 완벽하게 준비를 끝내고 확인하는 차원에서 모의고사를 보라. 그 점수를 토대로 자신의 약점을 분석하고 다시 실전에 대비하는 것이 바람직한 일이다.

실전에서는 시간 배정에 유념해야 한다

실전에 부딪히면 사실상 혼란스러워질 수 있다. 우선 옆자리에 있는 수험생이 시끄러울 수 있다. 도무지 집중이 안 될지도 모른다. 그러나 당황하지 말고 얼른 헤드폰을 귀에 꽂고 주변 분위기를 잊어야 한다. 문제 풀이에 집중해야 한다.

실전에서는 한 문제에 30초가량 시간이 있으므로 시간을 잘 관리해야 한다. 한 문제에 너무 신경을 쓰지 말고 아는 것과 모르는 것을 구분해야 한다. 아는 것은 체크하고 모르거나 이상하거나 확신이 없는 것은 그냥 넘어가는 수밖에 없다. 절대로 다시 돌아올 생각을 말아야 한다. 다시 돌아온다는 것 자체가 불가능하기 때문이다.

세트1에서 다소 실패한 느낌이 들더라도 세트2에서 최선을 다하자. 세트2에서는 세트1보다 훨씬 쉽고 친숙하다는 느낌이 들 것이다. 세트2에서도 역시 아는 것은 확실하게 체크하고 모르거나 이상하거나 자신이 없는 것은 넘어가라. 토플 시험에는 감점이 없으므로 마음 쓰지 말고 모르는 것은 찍어야 한다.

세트3까지 갔을 때는 이미 30분이 훌쩍 지나 매우 힘들어지기 시작할 때다. 그러나 세트3에서도 세트1·2처럼 최선을 다해야 한다. 어떤 것이 채점에서 누락되고 단지 참고 자료로 쓸지 모르기 때문이다.

iBT 토플 듣기는 한마디로 고급 영어를 귀에 들려주고 수험자의 언어 지각 능력이 어떻게 문제를 판단하고 분석하고 결정하는지를 보는 것이다. 말만 청해력이지 사실상 대학 수준인 대화와 강의를 알아듣는지를 보는 지능 테스트인 셈이다. 따라서 어휘력, 구조력, 독해력, 청해력 등이 종합적으로 파악되기 때문에 고득점을 위해서는 사전에 치열한 어휘, 구조, 독해, 듣기 연습과 모의고사 문제 풀이를 거치는 고난도 훈련이 반드시 필요하다.

4. 말하기에서 고득점을 얻기 위한 전략

iBT 토플 말하기 시험의 특징

문제 구성의 특징	iBT 토플의 말하기는 독립형과 통합형으로 구성되어 있다.		
독립형	• 오직 말하기 능력만 측정 • 문제 1번, 2번 • 주로 자신의 입장을 말하는 문제		
통합형	• 독해와 듣기 능력을 결합한 말하기 능력을 측정 • 문제 3, 4, 5, 6번 • 듣거나 읽은 사항을 그대로 요약해 말하기 • 읽고 들은 후에 말하기 • 준비 시간: 30초 • 발언 시간: 1분		
시험 시간	독립형	• 준비 시간: 15초 • 발언 시간: 45초	
	통합형	• 준비 시간: 30초 • 발언 시간: 1분	
	모두 20분		
총점	30점		

iBT 토플 말하기 시험의 문제 유형

번호와 유형	문제 내용	문제 예	고득점 전략
1. 독립형	한 가지 주제를 정하고 자신의 견해와 근거를 설명한다.	• 당신이 가장 관광을 가고 싶은 나라는 어디인가? • 당신이 힘들 때 가는 곳은 어디인가?	• 시험을 볼 때는 자신에게 가장 잘 기억나고 명확하게 쓸 수 있는 내용을 고른다.

		• 당신은 어떤 영화나 책을 가장 좋아하는가? • 당신이 이 세상에서 가장 존경하는 사람은 누구인가?	• 헤드폰에 대고 말할 때 평소보다 정확하고 분명하게 말한다. • 평소에 출제 가능한 주제 약 50개를 정해 모범 답안을 쓴 후 그것을 입에서 술술 나올 정도로 암기한다. • 자신이 발언한 것을 녹음한 후 원어민 등에게 평가와 수정을 부탁한다.
2. 독립형	두 옵션 중 하나를 선택한 다음 자신이 그것을 좋아하는 이유와 근거를 예를 들어 설명한다.	• 당신은 해외여행을 좋아하는가, 아니면 국내 여행을 좋아하는가? • 당신은 혼자 생활하는 기숙사를 더 좋아하는가, 아니면 룸메이트와 함께 지내는 것을 좋아하는가? • 당신은 부모와 함께 사는 것이 좋은가, 아니면 독립해 사는 것이 좋은가?	• 옵션을 들었을 때 자신의 입장을 명확하게 밝힐 수 있는 것을 고른다. • 구체적이고 현실적이며 설득력 있는 개인적인 예를 가급적으로 많이 든다.
3. 통합형	캠퍼스 생활 중 일어나는 상황을 담은 지문을 읽은 다음 두 사람의 대화를 듣고 읽은 내용과 연계해 요약한다.	• 학교에서 캠퍼스를 운행하는 버스를 폐지하고 학교 아파트를 더 많이 짓는다고 하는데 이 점에 대해 어떻게 생각하는가? • 최근의 물가 상승으로 학교 식당 또한 음식값을 15퍼센트 이상 올린다고 하는데 당신은 어떻게 생각하는가?	• 지문을 정확하게 읽고 대화의 입장을 정리한다. • 대화를 들으면서 그들이 말하는 요지를 노트하며 자신의 입장을 정리한다. • 1분간 말해야 하므로 하고자 하는 말을 또렷한 발음으로 명확하게 전달한다.

4. 통합형	대학 교과서 지문을 읽고 나서 같은 주제에 대해 교수의 강의를 듣는다. 그런 뒤에 강의 내용을 중심으로 지문을 연결해 자신의 언어로 요약해 말한다.	• 나사가 추진한 우주 탐사 계획은 막대한 비용만 안기고 결국 아무 성과 없이 지지부진하다. 최근에 다시 우주 탐사 계획이 시도되고 있지만 이것은 매우 불필요한 시도다. 왜냐하면 지구 자체가 인류에게는 가장 살기 좋은 곳으로서 우주 탐사에 들어갈 비용으로 지구 보전에 더욱 힘을 기울여야 하기 때문이다.	• 지문을 정확하게 읽고 대화의 입장을 정리한다. • 교수의 입장은 지금 어느 쪽에 서 있는지를 명확히 파악한 후 지문과 강의 내용을 연계해 전체 내용을 요약, 정리한다. • 이 문제는 어디까지나 자신의 언어로 말하는 것이지 결코 지문이나 교수의 강의 내용을 옮겨 적는 것이 아니므로 자신의 말로 바꾸어 쓸 줄 알아야 한다.
5. 통합형	캠퍼스 생활에 관한 대화 중 그 문제점을 요약해 말하고 해결책을 2가지 제시하는데 수험생은 자신이 선택한 해결책이 무엇인지, 이유와 근거를 말한다.	• 철학 교수의 강의가 너무 추상적이고 어려워 도무지 무슨 말을 하는지 감을 잡을 수 없다. 어떻게 수업을 따라갈지 막막하다. 학생1은 교수에게 직접 말해 지도를 받으라고 말하고 학생2는 그래봤자 성적만 나쁘게 나올 것이 분명하므로 몇 명을 모아 스터디를 하자고 한다.	• 이 문제는 대화가 나타내는 이슈를 분명히 짚어야 한다. 그런 후 자신의 견해를 정해야 한다. • 해결책에 대해 자신의 견해를 기승전결을 통해 밝히되, 실현 가능한 것이어야 한다. • 평소에 어떤 주제를 놓고 영어로 토론해 자신의 견해를 밝히는 훈련을 한다.
6. 통합형	대학 강의를 듣고 강의 내용을 객관적으로 요약한다. 이때 자신의 견해를 밝혀서는 안 된다.	• 인문·사회과학, 자연과학 중 교수가 한 주제를 정해 10분가량 강의한다.	• 평소에 하버드대학이나 MIT 등의 온라인 과정에 등록해 직접 교수들의 강의를 청취하면서 요약하는 훈련을 한다. • 강의 요약형 문제를 100제 정도 정해 일일이 구

자유자재로 말할 수 있는 조어력부터 기른다

말하는 시험이 한국인에게는 가장 어려운 부분이다. 아마 토플 시험 주관사인 ETS도 이 점을 노렸을 것이다. 새로 바뀐 iBT 토플로 학생과 학부모가 쏟아붓는 돈이 천문학적이다. 말하기의 왕도는 아주 어린 나이에 현지로 가서 원어민에게 직접 영어를 배우는 것이 가장 좋은 길일 것이다. 하지만 그렇게까지 하지 않아도 방법만 잘 선택하면 영어를 잘할 수 있는 것 또한 사실이다.

물론 iBT 토플의 말하기를 잘하기 위해서는 어휘, 구조, 독해, 청취 등 모든 방면에서 탄탄한 기초가 없으면 안 된다. 하지만 무엇보다 중요한 것은 떠오르는 생각을 영어로 즉각 표현할 수 있는 조어력이다. 조어력이란 쉽게 말해 자신이 생각하는 대로 즉시 영어로 바꿀 수 있는 이중 언어 능력을 말한다. 이런 능력은 한국어와 영어의 차이점을 극복하는 데서 향상된다.

따라서 영어를 한국어로 바꿀 수 있는 독해 능력을 기르는 것뿐만 아니라 한국어를 즉시 영어로 바꿀 수 있는 작문 능력이 조어 능력이다. 조어 능력은 그 기반이 영어 구조 파악과 구사 능력에 있으므로 기초를 익힐 때부터 많은 중요 예문을 암기하고 그것을 한국어로 바꾸고 다시 한국어를 영어로 바꾸는 훈련을 해야 한다. 모든

197

한국어를 영어로 바꾸는 훈련을 꾸준히 받는다면 조어력을 크게 향상시킬 수 있다. 하지만 동시에 막강한 어휘력과 함께 독해력, 청취력을 향상시켜야만 조어력이 증진될 수 있다. 토플을 보기 전에 자신의 조어력이 강력한지 아닌지를 검토한 후 모의고사로 실력을 파악하는 것이 중요하다.

원어민과 대화할 수 있는 기회를 많이 만들어야 한다

말 많은 미국인 친구를 사귀는 것처럼 말하는 훈련에 유익한 것은 없다. 경제력이 허락한다면 원어민 교사를 초빙해 파닉스부터 교정받고 듣기와 말하기를 동시에 훈련받는 것이 가장 바람직하다. 듣기는 교재와 영어 방송이나 영화, 드라마 등을 가지고도 얼마든지 훈련할 수 있지만 말하기만은 대상이 있어야 한다. 그것도 발음을 지도할 수 있는 사람과 함께 말하는 연습을 하는 것이 좋다. 하지만 영어 말하기를 훈련받을 때 미국식 발음에 익숙할 필요가 있다. 영국이나 영연방 국가들이 영국식 영어를 쓰는 것이 사실이지만, 토플에서 고득점을 받기 위해서는 미국식 발음을 배우는 게 더 바람직하다.

경제력이 허용하지 않는다면 원어민과 말하는 프로그램을 운영하는 웹사이트에 가입하는 방법도 있다. 'iBT Speaking Practice'를 검색하면 무수히 많은 사이트가 뜬다. 그중에서 가장 믿을 만한 곳을 골라 원어민에게 말하기 지도를 받으라.

이것도 경제적으로 힘들다면 미국인 채팅 친구를 사귀거나 한국에 있는 미국 교회에 출석해 미국인과 사귀면서 말하는 훈련을 하는 것이 좋다. 말하기는 하루아침에 되지 않는다. 영어 말하기 능력은 영어 학습의 총화다. 장시간에 걸쳐 천천히 이루어지는 만큼 가급적이면 자주 원어민과 접촉하면서 말하기 연습을 하는 것이 바람직하다.

실전 문제 유형대로 말하기를 훈련해야 한다

시중에 나와 있는 교재에는 일대일로 말하고 평가할 수 있는 방법이 없는 것이 사실이다. 그러나 토플 듣기가 수험생에게 요구하는 것이 질문에 대해 적당한 구어적 대답을 할 수 있는가, 학문적 토론에 적극적으로 참여할 수 있는가, 일상 회화에 참여할 수 있는가, 토론 주제에 대한 명확한 의견을 밝힐 수 있는가, 교과서에서 읽은 정보와 강의를 들어서 얻은 정보를 요약해 말로 표현할 수 있는가, 대학 등록처·도서관·스포츠 센터·주택 관리사무소·서점 등에서 대학 관리들과 원활하게 의사소통을 할 수 있는가 등이라면 듣기 교재의 모범 답안이 이런 질문에 잘 대답하는 것이라고 알 수 있다.

답을 보기 전에 반드시 먼저 자기 목소리를 녹음한 다음 그것을 다시 들어보면서 모범 답안과 비교하는 노력이 필요하다. 그런 후 모범 답안을 토대로 자신만의 답안을 작성해 입에서 줄줄 나오도록 큰소리로 읽는 연습을 해야 한다.

비록 혼자 읽을 때라도 단어의 자음과 모음을 하나하나 정확하게 발음하고 강세와 억양, 연음법칙 등을 철저히 지키며 원어민처럼 발음하도록 노력해야 한다. 이렇게 수십 번을 읽고 나면 자신의 머릿속에 어떤 패턴이 형성될 뿐만 아니라 즉각 말로 할 수 있을 것이다.

모의고사 등으로 장단점을 파악해야 한다

말하기에서 고득점이 가능하다고 판단되면 온라인 모의고사를 치러 자신의 장단점과 점수대를 확인하고 약점을 집중적으로 보강해야 한다. 모의고사 점수가 바람직하지 않다면 실전에서도 그 이상 점수를 얻기가 어려우므로 모의고사를 통해 자신의 실력을 정확히 평가받은 다음에 진짜 시험을 치러야 한다.

토플을 자주 치르기보다 철저히 준비해서 단번에 목표 점수에 육박하는 것이 현명한 일임을 명심해야 할 것이다. 시험 경비가 만만치 않은 것도 문제거니와 시험을 치를 때 겪는 어려움과 스트레스, 낮은 점수를 받았을 때의 좌절감을 극복하기가 쉽지 않기 때문이다. 아깝게 목표 점수에 모자라서 다음 시험을 대비하는 것은 좋다. 완전히 실패한 것이 아니기 때문에 큰 경험으로 작용할 것이다.

시험에 최선을 다해야 한다

듣기 부분에서도 말했지만 시험장에 들어가면 이미 시험을 시작한 사람들이 말하기를 하고 있을 수 있다. 그래서 다소 분위기가 어수선하고 짜증 나고 자신이 잘 말할 수 있을까 걱정이 들 수 있다. 하지만 시험장에서 할 수 있는 일은 우선 마음을 담대하게 먹는 것과 시험장 밖 일을 모두 잊어버리고 오직 말하기에 전심전력을 다하는 것이다.

온 신경을 스피커에서 나오는 문제에 집중하면서 중요한 사항을 종이에 적으라. 그리고 무슨 말을 할지 대충 윤곽을 써놓으라. 사실 이 준비 시간이 결정적이다. 이 짧은 준비 시간을 잘 활용하면 고득점이 가능하지만 이 시간을 놓쳐버리면 막상 말할 때 당황하게 될 것이다.

노트를 보면서 말을 시작할 때 마이크를 가까이 대고 되도록 크고 당당하게 말하라. 발음을 정확하고 유창하게 하라. 시험 채점관은 당신이 한 말을 듣고 채점하는 것이기 때문에 말이 약하게 들리고 문법적으로 많이 틀리고 버벅거린다는 인상을 받으면 절대 높은 점수를 주지 않는다.

이 시험은 외국인의 영어 능력을 검증하는 시험이지 결코 원어민을 위한 시험이 아니다. 그러므로 틀릴 수도 있다. 문제는 자신의 언어로 시험관의 질문에 당당하게 견해를 밝힐 수 있느냐는 것이다. 그렇기 때문에 더욱 중요한 것은 말하는 기술보다 내용이다. 정확한 답을 시험관이 알아들을 수 있을 정도로 확실하게 해야 한다. 20여 분이라는 짧은 시간 안에 자신의 말하기 능력을 모두 표출하는 것이므로 후회하지 않도록 최선을 다해 말하고 결과는 평가에 맡기자.

5. 작문에서 고득점을 얻기 위한 전략

iBT 토플 작문 시험의 특징

문제 구성의 특징	작문은 통합형과 독립형으로 출제된다.
독립형	• 300자가량의 읽기 지문이 화면에 뜬다. 3분 안에 읽어야 한다. • 3분 정도 되는 듣기 강의가 나온다. • 다시 읽기 지문이 나오고 듣기 강의와 함께 내용을 요약해 쓰라는 문제가 나온다.
통합형	• 화면에 주제 하나를 주고 30분 안에 에세이를 300자 이상 써야 한다.

시험 시간	1. 통합형 • 준비 시간: 읽기 3분, 듣기 3분
	           • 쓰기: 20분
	             모두 26분

	2. 독립형 • 준비 시간: 없음
	           • 쓰기: 30분
	             모두 30분

총점	30점

iBT 토플 작문 시험의 문제 유형

번호와 유형	문제 내용	문제 예	고득점 전략
1. 통합형	화면에 뜨는 300자 정도 되는 읽기 지문을 3분 안에 읽고 강의를 3분 정도 들으면 다시	• 지문: 그동안 고속도로에서 많은 동물이 길을 건너다 죽었지만 동물이 지나갈 수 있는 통로를 설치함으로써 동물이 죽는 것을 방지하게 되었	• 지문을 읽을 때는 전체 내용을 빨리 요약하면서 페이퍼를 둘로 나누어 왼쪽에는 지문의 주장을 3가지 정도만 작성하고 오른쪽에는 강의 내용을

지문이 나타난다. 문제는 방금 들은 강의와 읽은 지문 내용을 요약해 쓰는 것이다. 그런데 강의는 지문 내용을 반박하는 것이다.

다. 덕분에 동물이 번성함으로써 숲이 울창해지고 자연 환경이 더욱 풍요로워졌다.

- 강의: 고속도로에 동물 통행로를 설치함으로써 많은 동물들이 혜택을 본 것 같지만 사실 극소수 동물에게만 해당되는 상황이었다. 게다가 들어간 비용과 노력이 무용화되고 있다. 이미 고속도로 건설로 한번 망가진 생태계는 다시 원상태로 돌아오기 어려우며 자연 환경이 더욱 풍요로워졌다는 것은 근거 없는 이야기다.

들은 것 중 지문 내용을 반박하는 근거를 최대한 적는다.

- 강의를 최대한 집중해서 듣되, 중도에 안 들리거나 빼먹은 것은 신경을 쓰지 말고 지문에 대한 반박 근거를 최선을 다해 적는다. 에세이를 쓸 때는 지문 내용을 참조하면서 들은 강의 내용을 토대로 두 주장을 요약해 20분간 최대한 많이 써야 한다. 이때 주의할 것은 절대 자신의 주장이나 의견을 개진하거나 있지도 않은 것을 들은 것처럼 거짓말을 해서는 안 된다는 점이다. 이렇게 하면 감점된다.

- 평소에 이미 출제되었던 주제 중 모범 답안이 있는 것 20개 이상을 정해 그것을 철저히 분석한 후 암기할 정도로 익힌다.

2.
독립형

화면에 출제된 문제에 대해 30분간 자신의 견해를 밝히는 에세이를 쓰는 문제다. 전형적인 에세이 쓰기 유형이다.

- 당신은 다음 진술에 동의하는가? "부모는 가장 훌륭한 교사다." 당신이 답을 지지하는 특정한 이유와 예를 사용하라.

- 당신은 다음 진술에 동의 하는가, 동의하지 않는가? "텔레비전, 신문,

- 문제를 보자마자 구상을 시작하되, 3분 이내에 끝내라. 서론 3분, 결론 3분을 제외한 나머지 시간을 본문에 쏟아부으라.

- 본문의 예는 구체적이고 현실적이며 설득력 있는 개인적인 예를 많이 들

잡지, 다른 매체들은 공인이나 명사 같은 유명인들의 사생활에 너무 많은 주의를 기울인다." 당신이 답을 지지하는 특정한 이유와 예를 사용하라.

되, 서론과 결론에 반드시 유기적으로 연결되어야 하며 이때 접속사와 접속부사 등을 써서 논리적으로 통일성이 유지되도록 한다.

- 쓰기의 고득점을 위해 300자는 기본이고 최소한 400자 이상 쓰도록 노력한다.
- 기출된 문제의 모범 답안을 최소한 20편 이상 달달 외우다시피 익히고 시험 때까지 기출 문제를 60개 이상 반드시 공부하고 적어도 일주일에 한 편씩 에세이를 써서 교사에게 꼼꼼하게 평가와 교정을 받는다.

새로 바뀐 iBT 토플이 까다로운 것은 독립형보다는 통합형 때문일 것이다. 독해와 듣기, 작문을 결합해 지문과 교수 강의의 주장을 그대로 요약하게 하는 문제는 독해와 듣기, 작문을 한꺼번에 평가할 수 있는 고난도 문제다. 그러므로 평소에 구문 훈련과 어휘 공부, 듣기 공부를 깊이 하지 않았다면 손을 대기가 참 곤란할 것이다. 평소에 어휘 암기, 구문 훈련, 다독, 다상량, 다작을 통해 고난도 에세이 쓰기 공부를 진행하는 것만이 토플 작문에서 고득점을 받는 길임을 명심하자.

6. IELTS 시험 준비에 관한 정보

IELTS는 International English Language Testing System의 약자로 영국 문화원British Council과 호주 IDP 에듀케이션, 케임브리지대학이 공동으로 주관하는 국제공인 영어 시험이다. 토플이 미국 주관의 공인 영어 시험이라면 IELTS는 영국 주관의 공인 영어 시험이다. 이 시험은 2시간 45분 안에 듣기, 읽기, 쓰기, 말하기의 능력을 평가한다. 듣기, 읽기, 쓰기는 한자리에서 시험을 보아야 하고 말하기는 같은 날이나 다른 시험 앞이나 뒤의 일주일 내로 보아야 한다. 듣기와 말하기는 아카데믹과 일반 훈련이 같으나 읽기와 쓰기는 아카데믹과 일반 훈련용 문제지가 다르다.

IELTS의 네 부문

듣기	30분(10분간 답안 작성 시간), 40문제
	섹션1 – 양자간 일상 대화
	섹션2 – 1인 말하기 섹션3 – 양자간 토론
	섹션4 – 1인 주제 강의
읽기	60분, 3섹션, 2,150~2,750단어의 지문, 사지선다형, 단답형, 정보 알아내기, 저자 견해 알아내기, 도표에 이름 붙이기, 문장 완성형 등.
아카데믹형	대학생, 대학원생 수준의 책, 신문, 잡지, 강연, 온라인 자료 등 학술적인 내용.

205

일반 훈련용	중고생이나 이민 비자 신청자들 테스트. 섹션1- 일상적인 주제, 예를 들어 시간표, 통지 등 영어권 일상생활에서 필요한 것들을 다루는 2~3개의 짧은 텍스트, 또는 몇 개의 더 짧은 텍스트. 섹션2- 일을 다루는 2개의 텍스트들, 예를 들어 직업 기술, 계약, 훈련 자료들. 섹션3- 일반적인 관심사의 주제에 대한 긴 서술적인 텍스트, 주로 신문, 잡지, 책, 온라인 자료들에서 발췌한 내용들.
쓰기	60분. 과제1-20분 안에 150단어로 쓰기, 과제2-40분 안에 250 단어로 쓰기(답안이 너무 짧거나 주제와 관련이 없으면 감점됨).
아카데믹형	과제1- 그래프, 도표, 차트, 도해 등을 자신의 말로 기술하기. 과제2- 견해, 논쟁, 문제를 논하기. 과제에 따라 수험생은 문제에 대해 해결 방안을 내놓고 의견을 제시하고 정당화해야 하며, 증거와 의견과 의미를 비교하고 대조하며, 아이디어나 증거나 논점을 평가하고 도전해야 한다.
일반 훈련용	과제1- 주어진 상황에 대해 편지를 쓰기. 예를 들어 숙소의 문제에 대해 숙소 관리자에게, 시간을 관리하는 데 대해 새 고용주에게, 지역 공항을 개발하려는 계획에 대해 지역신문 기자에게 편지 쓰기 등. 과제2- 일반적인 관심사의 주제에 대해 에세이 쓰기. 예를 들어 공공장소에서 흡연을 금지시켜야 하는지, 아이들의 여가 활동이 교육적이어야 하는지, 어떻게 환경 문제를 해결할 수 있는지 등.
말하기	11~14분, 시험관과 수험생의 일대일 인터뷰.

섹션1- 자기소개와 인터뷰(4~5분), 수험생에게는 의복, 자유시간, 컴퓨터, 인터넷뿐만 아니라 고향, 가족, 일, 공부, 취미, 관심사, 시험 치는 이유 등을 물어볼 수 있다.

섹션2- 길게 말하기(3~4분), 특별한 주제를 가진 과제 카드가 주어진다. 수험생은 1분간 이 주제에 대해서 생각한다. 과제 카드에는 대화에 포함되어야 할 요점들과 대화 중에 설명되어야 할 주제의 한 양상이 진술되어 있다. 수험생은 시험관이 1~2개 질문을 한 뒤에 주제에 대해 2분간 말해야 한다.

섹션3- 토론(4~5분간). 수험생과 시험관 사이에 일반적으로 이미 섹션2에서 말했던 주제에 관련된 질문에 관한 토론에 제3자가 개입한다.

IELTS의 점수 매기기

수험생들은 듣기, 읽기, 쓰기, 말하기 각 부문에서 점수가 주어진다. 개별 부문 점수는 평균화되고 반올림되어 전체 영역(밴드) 점수가 주어진다. 합격과 불합격은 없다.

IELTS 9가지 점수 영역

9	전문적 사용자 Expert User	영어를 완벽하게 구사한다. 완벽하게 이해하며 적절하고 정확하며 유창하다.
8	매우 훌륭한 사용자 Very Good User	가끔 비조직적이며 부정확하고 부적절하지만 영어를 완벽하게 구사한다. 친숙하지 않은 상황에서는 오해가 일어날 수 있다. 복잡하게 상세한 논쟁을 잘 다룬다.

7	훌륭한 사용자 Good User	종종 어떤 상황에서는 부정확하고 부적절하며 오해를 하지만 영어를 잘 구사한다. 일반적으로 복잡한 언어를 잘 다루며 세밀한 추리를 이해한다.
6	유능한 사용자 Competent User	다소 부정확하고 부적절하며 오해에도 불구하고 영어를 일반적으로는 효과적으로 구사한다. 특별히 친숙한 상황에서는 꽤 복잡한 영어를 사용할 수 있고 이해할 수 있다.
5	겸손한 사용자 Modest User	비록 많은 실수를 할 것 같지만 대부분의 상황에서 전반적인 의미에 대처하면서 부분적인 영어 구사를 한다. 자신의 분야에서 기본적인 의사소통을 다룰 수 있어야 한다.
4	제한된 사용자 Limited User	기본적인 능력이 친숙한 상황에 제한되어 있다. 이해와 표현에서 종종 문제를 보인다. 복잡한 영어를 사용할 수 없다.
3	극도로 제한적인 사용자 Extremely Limited User	매우 친숙한 상황에서 일반적인 의미만을 전달하고 이해한다. 의사소통에서 빈번한 문제가 발생한다.
2	간헐적인 사용자 Intermittent User	친숙한 상황과 즉각적인 필요를 채우기 위해 고립된 단어나 짧은 공식을 사용해 가장 기본적인 정보를 제외하고 어떤 실제적인 의사소통이 가능하지 않다. 구어체와 문어체의 영어를 이해하는 데 큰 어려움을 가지고 있다.
1	비사용자 Non User	소수의 고립된 단어들을 넘어 영어를 사용할 수 있는 능력이 본질적으로 없는 것으로 보인다.
0	시험을 보지 않음 Did Not Attempt the Test	평가 가능한 정보가 전혀 없다.

중국어를 자유롭게 구사하도록 만들어라

___

중국어를 왜 배워야 하는가?

중국! 이 단어를 들으면 무엇이 생각나는가? 어떤 이들은 엄청 큰 나라, 즉 대국으로서 인구가 아주 많다고 생각할 것이다. 또 어떤 사람들은 매우 지저분하고 돈만 밝히며 무례한 족속이라고 생각할 것이다. 한편에서는 공산당이 일당독재로 지배하는 매우 폭압적인 정부와 잘 통제된 사회, 순종적인 국민들을 떠올릴 것이다.

　　다른 한편에선 인구 14억 명에 경제는 욱일승천으로 발전해 가고 있고 인공지능 산업은 세계 최첨단을 걷는 나라로 무궁무진한 인구자원을 바탕으로 미국을 능가하는 미래의 세계 초강대국을 연상할 것이다. 한쪽에서는 우리의 옛 영토인 고구려와 발해(대진=후고구

209

려) 땅을 빼앗으려고 동북아공정을 실시하고, 티베트와 신장 등 소수
민족들의 독립 요구를 무자비하게 총칼로 짓밟은 나라라고 여길 것
이다.

그러나 우리 한민족에게 중국은 역사적으로나 정치·경제적
으로나 학술·문화적으로 도저히 떼려야 뗄 수 없는 가장 가까운 나
라라는 사실은 부인할 수가 없다. 최근에 중국 후베이성 우한에서 발
병한 코로나19 바이러스로 인해 우리가 가장 큰 피해를 보고 있는 사
실만 봐도 중국이 우리에게 얼마나 큰 영향을 끼치고 있는지를 알 수
있다.

사실 우리나라가 가장 많이 투자한 나라이며, 우리가 무역으
로 가장 큰 이익을 보고 있는 곳도 중국이다. 한·중 수교 이래 중국
은 북한과는 순망치한의 혈맹을 강조하면서 우리와는 경제적으로 매
우 가깝게 밀착하고 정치·군사적으로도 미국을 견제하기 위한 방패
로서 우리를 이용하기 위해 힘쓰고 있다. 물론 입으로는 남북대화와
평화통일을 지지하고 있고 공식적으로는 북한의 핵무장을 반대하고
있어 유엔의 대북 결의안을 마지못해 따르고 있는 듯한 인상을 풍기
기는 한다. 그러나 북한을 이리저리 돕고 있으며, 남북한을 각각 교묘
하게 통제하고 있는 형편이다.

우리나라 학생들이 가장 유학을 많이 가는 나라도 바로 중국
이다. 그리고 중국 무협과 사극 영화로 대변되는 중화주의가 오늘날
아시아와 중동을 넘어 아프리카까지 진출하고 있는 상황이다. 우리

가 중국을 제대로 알지 못하고 중국 문화를 극복하지 못하면 미국뿐 아니라 중국의 정신적·문화적 속국으로 전락할 것이다.

『손자병법』에서 말했듯 "나를 알고 적을 알아야 백전백승"인 만큼, 중국을 넘어서기 위해서는 중국어에 우선 통달하지 않으면 안 된다. 중국과 당당히 겨루어 중국을 극복하고 미래 우리 아이들 세대에는 세계를 지도하는 민족으로서 살아가기 위해 영어뿐만 아니라 중국어에 통달할 필요가 절실하다.

중국어는 한국인들에게 가장 쉽고 친근한 언어다

중국어에는 고유한 사성체계라는 것이 있다. 이것은 모든 단어를 4가지의 높낮이로 발음하는 중국어만의 독특한 체계를 말한다. 중국어에서는 이 사성체계를 익히지 않으면 한 단어에 여러 가지 발음이 있어 의미가 달라지기 때문에 1가지 발음으로만 단어를 익혀놓으면 도저히 뜻을 짐작할 수 없게 된다. 그래서 우리같이 성조에 익숙하지 않은 민족은 중국어를 어렵게 생각하는 것이 사실이다. 여기서 우리는 사성체계를 공부하고 넘어가기로 하자.

국어를 배우신 분은 알겠지만 『훈민정음』에서도 이 사성체계를 다루기는 한다. 즉 평성平聲, 거성去聲, 상성上聲, 입성入聲을 말하는 것이다. 현대 중국어는 베이징어를 표준어로 삼았는데, 성조는 음평陰平(1성), 양평陽平(2성), 상성上聲(3성), 거성去聲(4성)의 네 성조聲調를

211

이룬다. 현대 표준 중국어의 사성은 제1성은 수평조水平調, 제2성은 상승조上昇調, 제3성은 강승조降昇調, 제4성은 하강조下降調라고 설명된다. 예를 들어 마ma라는 음은 성조에 따라 제1성 mā = 媽(母), 제2성 má = 麻(삼), 제3성 mǎ = 馬(말), 제4성 mà = 罵(깔봄)와 같이 뜻이 완전히 달라진다.

중국어를 배우는 한국인들로서 가장 헷갈리고 어려운 것이 이 사성체계다. 아무리 배우고 배워도 잊고 또 잊어버려서 나중에는 정말 짜증나는 것이 이 사성이다. 중국 대학이나 어학원에서는 강사들이 한국인들에게 이 사성체계를 가르치는 것이 가장 어렵다고 한다. 미국이나 영국 또는 유럽 등에서 온 한자를 전혀 모르는 사람들은 차라리 이 사성체계를 더 빨리 정확하게 배운다고 한다.

그래서 어떤 학원에서는 한국 학생들에게 이 성조만 무려 한달 내내 가르쳐서 발음이 완전해져야 다음 단계로 진입시키는 곳도 있다고 한다. 지금 무슨 말인지 잘 모르는 분들은 유튜브(https://www.youtube.com/watch?v=tmvPaCQMSP0)에 들어가 7분 정도만 강의를 들으면 성조에 대해 정확하게 이해할 수 있고 중국어를 익히는 데 큰 도움을 받을 수가 있을 것이다.

이런 사성체계를 극복하고 나면 중국어는 우리말과 흡사한 어휘들이 많아서 배우기가 아주 쉽다는 사실에 놀라게 된다. 물론 어휘마다 발음은 다르지만, 그 표현하는 뜻이 같은 단어가 많다. 내가 공부하던 중국어 고시HSK는 1급에서 5급까지가 단어 2,500개이고, 6급이 2,500개, 총 5,000개의 어휘만 공부하면 웬만한 중국어 원서를 마음대로 읽을 수 있다.

그런데 이 중에서 50퍼센트 정도의 어휘가 우리말과 같으니 한국인들이 중국어를 정복하기가 영어에 비해 얼마나 쉬운지를 알 수 있다. 사실 대학 수준의 영어 원서를 줄줄 읽으려면 최소한 15,000단어 이상을 확실하게 익혀야 가능하다. 그런데 중국어는 2,500개 정도의 새로운 어휘만 공부하면 최고급 수준의 중국어를 할 수 있다는 말이니 이 얼마나 유리한가?

나는 영어를 공부하기 위해 약 2년간 하루에 14시간씩을 공부하면서 모든 기초 문장들을 달달 외워나갔다. 그때부터 다시 1년을 꼬박 영어 사전만 가지고 하루 종일 영어 원서와 씨름했다. 이후 듣기와 말하기를 정복하느라 또 2~3년을 열심히 듣고 외우고 말하면서 시간을 보냈다. 미국 현지에 갔을 때도 부단히 노력해 현지인들과의 의사소통에 문제없는 수준까지 오는 데 무려 1년 이상의 시간을 소비했다. 그런데 중국어는 어떤가? 나는 단 6개월간 공부하고 중국어 고급 철학책을 읽는 수준에 도달했다. 왜 이것이 가능했을까? 그것은 바로 우리말의 바탕이 있었기 때문이다.

한글 전용론자들은 순수 한글만 써야 하고 학교에서 그렇게 가르쳐야 한다고 우긴다. 나는 초등학교 시절부터 한문을 공부한 덕분에 초등학교 5학년 때 이미 한문투성이였던 일간지를 줄줄 읽을 수 있었다. 그리고 고3 때 처음 칸트의 『순수이성비판』을 읽을 때 사전을 하나도 찾지 않고도 감성, 오성, 이성 등의 한자어에서 그 말뜻을 추리해 한 문장씩 이해해나감으로써 내용을 이해했다.

다시 말하지만 한문을 공부하는 것이 우리말을 이해하고 학문을 하는 데 절대적으로 유리하다. 물론 중국어가 현대어로 간자를 사용하지만 그 기반은 역시 한문 고전이다. 따라서 한국인의 국어 어휘의 약 과반수가 한문에서 온 것이라면, 우리는 진작부터 아이들에게 한문을 가르치면서 현대 중국어를 가르치면 중국어 고문과 현대어에 능숙한 콘텐츠 강자들을 양성해낼 수 있는 것이다.

물론 중국어가 한국어와 문장 구조가 다르고 영어와 구조가 비슷해 중국어를 배우기가 어렵다는 주장도 있다. 하지만 중국어는 영어에 비하면 구조가 매우 단순해 충분히 정복할 수 있다는 것을 강조하고 싶다. 즉, 중국어 구조는 한국어에 비해 너무도 쉽기 때문에 한국어를 잘하면 당연히 중국어에도 능통할 수 있다는 말이다.

현재 미국 하버드대학 동아시아학과 출신들이 미국 정재계 등에서 크게 환영을 받고 있다. 그 이유는 그 학교 출신들은 적어도 중국, 일본, 한국에 와서 2년 이상을 지내고 돌아와야 정상적인 졸업이 가능한데, 졸업 후에 이 나라들에 대한 정책 수립이나 교역을 할 때 선봉에 설 수 있기 때문이라고 한다. 미국에서 잘나가는 사람들이 중국, 일본, 한국 중에서 최소한 2개 나라의 언어와 문화에 정통해야 하는 것은 그만큼 국제 사회에서 차지하는 비중이 엄청나게 크기 때문이라는 사실을 알아야 한다. 오늘날 중국어를 마스터하는 것은 시대적인 추세이며, 개방된 자본주의적 중국 시장은 한국인에게 절호의 기회라는 것을 명심해야 한다.

어떻게 공부해야 중국어를 가장 쉽고 빠르게 마스터할 수 있을까?

한문 공부부터 시켜라

중국어를 잘하려면 우선 국어를 잘해야 한다. 그런데 국어를 잘하려면 어려서부터 한문 공부를 시키는 것이 좋다. 혹 동네에 옛날식 서당이 있다면 서당에 가서 『천자문』부터 공부하는 것이 좋다. 그러나 구태여 서당에 보낼 필요가 없다고 생각하면 인터넷 서당도 좋고 각종 학습지 공부도 좋다. 물론 아이들에게 틈틈이 한문 공부를 시켜서 한자 급수 시험을 보게 하고 초등학교 졸업 때까지 교육부 지정 국가 공인 자격인 3급을 따고 중학교 졸업 때까지 2급과 1급을 따고 고교 졸업 때까지 특급II, 특급, 사범 자격을 따는 것이 좋다. 물론 아이들의 능력과 노력에 따라 초등학교 시절에 사범 자격까지 따지 말라는 법은 없다.

중국어 기초 회화를 철저하게 공부시켜라

요즘 시중에 중국어 기초 회화 책들이 정말 잘 나와 있다. 예를 들어 『맛있는 중국어 Level 1 상·하』, 『티엔티엔 중국어 기초 1·2』, 『신공략 중국어 기초편·초급편』, 『301구로 끝내는 중국어 회화상·하』 등이 있다. 처음 중국어를 배울 때는 자음과 모음의 발음부터 시작해서 성조 훈련을 거쳐 기초적인 회화들을 공부한다. 즉 '니하오마你好嗎, nǐhǎoma'부터 시작해서 기초 생활 중국어를 익히는 과정을 약 6개월간 철저히 공부해야 한다. 이 기간 동안에 발음과 성조 연습을 완벽하게 하면서, 중국어 고시 1급에서 3급까지의 어휘 약 600개를 철저히 익히도록 한다. 이때 중국어 간자뿐만 아니라 영어로 발음을 표기하는 병음과 성조를 함께 익히도록 해야 한다.

기초 시절부터 발음을 철저하게 공부하지 않으면 중국어 회화 중급 수준으로 나아가기가 점점 어려워진다는 것을 알아야 한다. 이렇게 기초 단계에서 원어민의 발음을 철저하게 익히기 위해서는 원어민이 직접 녹음한 CD나 mp3 파일을 힘께 제공하는 교재를 선택해야 한다. 즉, 기초 단계에는 물론 문장이나 단어의 발음이나 병음, 성조를 익히는 것이 중요한데 이를 위해서는 무조건 자꾸 들어가면서 자기 발음을 교정해나가야 한다는 것이다.

또한 중국어 회화의 기초를 위해 중국어 원어민 선생과 함께 공부하는 것이 무엇보다 중요하다. 중국어 발음의 어려움과 미묘한 차이는 원어민이 아니면 도저히 한국인들에게 설명할 수가 없기 때문이다. 따라서 인터넷 강의건 학원이건 학교건 중국어를 처음 배울 때는 중국어 원어민 선생에게 직접 배우는 것이 최상의 방법이라는 것을 명심해야 한다. 그런 면에서 앞의 책들은 원어민이 직접 발음한 것을 CD나 mp3 파일로 첨부하고 있으니 매우 유용하다.

매일 적어도 중국어 단어 50개씩 암기해나가도록 한다

중국어 단어는 국가 고사인 HSK를 기준으로 기초부터 중급 수준인 4급까지가 약 1,200개이고 고급 수준인 5급까지가 약 2,500개, 다시 최고급 수준인 6급은 2,500개다. 그런데 이 중에서 반 정도는 우리말과 뜻이 매우 비슷해서 주로 발음만을 익히면 되고, 나머지 50퍼센트는 우리말과 뜻도 다르고 발음도 다르므로 꾸준히 익혀나가야 한다.

그런데 이런 단어들을 외워나갈 때 한 단어를 원어민에게 듣고 읽고 쓰면서 말하는 방식, 즉 토틀 암기학습법으로 가면 좋겠지만 여기엔 너무나도 오랜 시간이 필요하다. 50단어를 외우는 것을 이런 식으로 한다면 첫날은 듣고 둘째 날부터 외우기 시작하면 아마 적어도 3~4일 걸릴 것이다. 그렇다면 5,000단어를 외우는 데 무려 500일 이상, 즉 거의 2년이 걸릴 것이다. 그렇다고 한번 외운 단어들이 머릿속에 남아 있을까? 일주일도 채 못 가서 다 잊어버릴 것이다. 그러므로 이 방법은 권할 방법이 못 된다.

나의 경험으로 HSK 5급 단어를 외우는 데는 약 40일이면 족하다. 즉, 처음에는 하루에 60~65개를 매일 하루에 최소한 한 번씩 눈으로 보면서 귀로 열심히 듣는다. 물론 단어와 관련한 문장을 함께 들어가면서 공부하면 금상첨화일 것이다. 이때 약간 모르거나 빠뜨린 부분은 그냥 넘어가는 게 좋다. 그래도 2,500개 단어를 한 번 다 들어서 일단 눈에 익히면 한 번 뗀 것으로 여겨져 자신감이 붙는다.

그럼 곧바로 두 번째 듣기를 시작하라. 그러면 또 40일이 걸린다. 그러나 세 번째는 25일이면 족하다. 네 번째는 15일이면 족하다. 다섯 번째는 10일이면 된다. 여섯 번째는 5일이면 족하다. 이런 식으로 6번쯤 끝낸 후에 아직도 잘 기억이 안 나거나 특별히 한국어 뜻과 너무 달라 잘 외워지지 않는 것들을 철저히 암기한다. 그러면 1급에서 5급까지 단어를 외우는 데 약 6개월이면 충분하다.

이렇게 기본 어휘 2,500개가 내 것이 되었을 때 듣기뿐만 아니라 독해와 쓰기, 말하기의 수준을 함께 높여나가면 5급을 정복할 수 있다. 그 후에 원어민 수준의 6급을 따면 중국어는 이제 내 언어 중의 하나가 될 것이다.

책·신문 읽기, 드라마와 방송 청취, 현지 연수, 중국인 친구 사귀기 등을 통해 최고급 중국어를 완성시켜라

설령 HSK 5급이나 6급을 땄다고 해도 고급 중국어를 자유자재로 구사하기는 불가능하다. 이 자격 시험들은 이제 앞으로 고급 중국어를 할 수 있는 기초가 갖추어져 있다는 것을 증명하는 것과 다름없기 때문이다. 물론 중국으로 현지 유학을 떠나건 어학연수를 가건 현지에서 고급 중국어를 익히는 것이 최선책이다. 하지만 오늘날 너무나도 발달한 매스미디어와 인터넷 덕분에 우리는 구태여 현지에 가지 않아도 한국에서도 충분히 최고급 중국어를 구사할 수가 있다.

따라서 우선은 자신이 갖춘 중국어의 구조적인 능력을 실전

에서 활용하는 것이 무엇보다 중요하다. 우선 우리가 쉽게 할 수 있는 일은 재미있는 중국어 소설을 구해 읽는 것이다. 무협 마니아라면 김용의 『의천도룡기』나 『신조협려』, 『천룡팔부』 등의 원서를 직접 구해서 읽는 것도 좋다. 그러나 현대물을 좋아한다면 루쉰의 『아Q정전』부터 시작하든지 중국 역사물이나 중국 사상사 같은 것을 공부하면 독해력이 일취월장할 것이다.

다음으로 중국어 드라마나 방송을 시청하는 것이 매우 유용할 것이다. 이미 중국에서는 자기 문화를 세계에 전파할 목적으로 우수한 콘텐츠들을 부지런히 공중파로 실어 나르고 있다. 매일 방송을 시청할 시간적 여력이 없다면 하루에 30분 정도라도 유튜브를 활용해 CCTV 등을 시청하는 것이 필요할 것이다. 이때 '正在直播:CCTV 中文國際頻道'와 같은 표시가 있으면 라이브로 실제 방송하는 것인데, 중국어 자막이 나오므로 부담 없이 시작할 수 있다.

또한 중국인 친구들과 직접 또는 인터넷으로 대화를 나누고 인터넷상에서 댓글을 중국어로 쓰면서 틀린 것을 고쳐나가면 아이들의 중국어 실력을 원어민 못지않은 수준까지 크게 향상시킬 수 있을 것이다.

철학을 즐기게 하라

철학 교육을 왜 어려서부터 시켜야 하는가?

나라가 발전하기 위해서는 수학과 과학기술 교육을 더욱 깊고 넓게 향상시켜야 한다. 그러나 그보다 중요한 것은 철학 교육이다. 왜냐하면 과학기술의 발전은 인간의 가시적인 물질적 세계의 발전을 가져올 수 있으나 인간 내면의 사랑과 윤리와 도덕, 사회성 함양, 공동체의 일원으로서 가져야 할 품성을 개발하기 위해서는 철학 교육이 반드시 먼저 선행되어야 하는 것이다.

왜냐하면 철학을 통해서만이 우리는 나 자신을 성찰하고 나와 남의 관계, 사회 구성원으로서 나의 위치와 의무 등을 깨닫고 윤리적으로 살아갈 수 있는 지성과 인품을 기를 수 있기 때문이다. 그래서 함석헌 선생은 『구약성서』 「잠언」 29장 18절의 말씀인 "비전이 없을 때 그 국민은 망한다"라는 말에서 "철학이 없는 국민은 망한다"고 말했다. 프랑스와 미국 등 선진국에서는 유치원 시절부터 철학 교육을 시킨다는 것을 우리는 타산지석으로 삼아야 할 것이다.

제1공화국부터 현재까지 우리나라의 물질적 발전은 괄목할 만한 것이었고, 전 세계의 사람들에게서 '한강의 기적'이라는 칭송을 받아왔다. 1952년 이승만 대통령의 직선제 개헌 당시 서구인들은 "한국에서 민주주의를 기대하는 것은 쓰레기통에서 장미가 피어나기를 기대하는 것과 같다"(『더 타임스』 종군기자)고 비아냥거렸지만, 이제는 세계인이 부러워할 만한 민주주의 강국이요 산업화된 선진국으로서 한류가 세계에 맹위를 떨치고 있다. 한민족이 장차 세계를 지도할 민족으로 급부상하고 있는 상황이다.

그러나 우리는 최근 영화 〈기생충〉이 미국 아카데미상을 휩쓴 것을 자랑하기보다 그 영화 속에 내재된 메시지, 즉 극심한 빈부 격차로 인한 인간 존엄성의 상실과 비극에 대해 고민하고 그 해결책을 모색해야 할 때다. 그 해결책은 초교 시절부터 인간에 대한 이해와 따뜻한 사랑과 봉사, 헌신의 마음을 함양하는 철학 교육에서부터 시작되어야 한다. 결코 부富의 많고 적음이 아니라 그 사람의 마음에 얼마나 인간성이 풍부하고 사랑이 많으며 남에 대한 봉사와 헌신의 마음으로 충만한지에 따라 그 인격과 인간으로서 가치가 결정된다는 것을 어려서부터 아이들에게 가르쳐야 한다.

자기 집의 크기와 소유한 자동차, 부모의 직업과 재산의 크기를 통해 수준이 비슷한 아이들끼리만 사귀는 저 천박한 자본주의의 못된 속성을 버려야 한다. 반면에 마음이 따뜻하고 타자에 대한 사랑이 넘치는 아이들, 끊임없이 인간과 자연과 사회와 역사에 관심과 호기심으로 눈을 반짝이고, 사고와 창조를 생활화하면서 강건한 신체와 정신을 가지고 삶을 즐길 줄 아는 낙천적이고 감성 만점의 아이들을 양성하려면 우리는 초교 시절부터 철학 교육을 시키지 않으면 안 된다.

아이들이 글을 알기 시작하자마자 사람됨의 도리, 즉 천륜과 인륜의 중요성을 가르쳐야 한다. 그러기 위해서는 아이들을 위한 철학 교육의 기본이 형성되어야 한다. 철학 교육은 가장 먼저 절대자의 존재가 있음을 전제해야 한다. 이 세상에 절대자가 없는 혼돈의 세상이라면, 우리는 물질적 존재에 지나지 않는다. 우리는 이 세상에서 삶이 끝나면 모든 것이 끝이라는 생각을 가지고 생각하고 마음대로 살아가는 존재로 전락하게 될 것이다.

다음으로 인간의 가치를 제대로 가르쳐야 한다. 인간의 가치는 소유한 물질이 아니라 그 인격과 남에 대한 봉사와 헌신으로 결정된다. 즉, 모든 학문과 예술 등은 자기만을 위한 것이 아니라 남을 위한 삶이 될 때 그 위대함과 가치가 있음을 가르쳐야 한다. 또한 가족과 친구들과 공동체에서 사회성이 얼마나 중요한지를 가르쳐야 한다. 나는 혼자서 존재하는 것이 아니라 부모와 형제자매 등의 가족과 친구들, 사회 공동체의 여러 사람과의 상호 관계성 속에서 존재하기 때문에 그들을 내 몸처럼 소중히 여기고 그들을 위해 봉사하고 헌신할 수 있는 사람만이 참된 인격자임을 가르쳐야 한다. 또한 사회의 구성원으로서 모든 책임과 의무, 특히 지도자를 잘 뽑을 수 있는 건전한 가치관과 판단력을 갖춘 사람이 되어야 한다. 이를 통해 자신의 정치적 행위 중 가장 중요한 투표권을 제대로 행사할 수 있는 사람이 되도록 가르쳐야 한다.

물론 기존 서구 철학과 동양 철학의 매우 다종다양한 이론과 가르침을 아이들에게 가르칠 수는 없다. 그러나 초교 시절부터 사유하는 아이, 올바른 윤리적 가치관에 따라 사태를 판단할 수 있는 아이, 사회 공동체의 일원으로서 자신의 양심과 의지에 따라 정치적 행위를 할 수 있는 아이로 길러내지 않으면 우리는 그저 공부 기계요 입시를 위한 로봇 같은 기능인을 양산해낼 뿐이다.

그러한 윤리적 가치와 더불어 제4차 산업혁명 시대의 인공지능보다 우수한 인간을 양성함으로써 산업 재화의 가치를 창조하도록 힘써야 한다. 그리고 그를 위해 인간만의 선천적인 창조 능력과 사유 능력, 감성 능력을 심화시켜야 한다. 오늘날 인공지능을 다루는 인지과학은 두뇌의 구조와 기능을 모방하기 위해 모든 학문 즉 철학의 인식론, 심리학, 생물학, 컴퓨터공학 등을 모두 융합해 인간의 감정까지 흉내내는 인공지능을 가진 로봇을 개발하기에 이르렀다. 인간이 머뭇거리다가는 인공지능의 노예로 전락할 수 있는 위험한 단계에 온 것을 인정해야 한다.

　이를 해결하기 위해서는 아무리 인공지능이 고도로 발전한다 해도 복잡다단한 인간의 두뇌 구조와 기능을 더욱 상세히 밝혀나감으로써 인공지능을 지배할 수 있는 비상한 철학적 능력을 길러야 한다. 다시 말하면 이제 철학은 그저 공리공론에 그치는 무익한 학문이 아니라 제4차 산업혁명의 핵심인 인공지능을 개발하고 향상시키며, 이를 인간이 철저히 관리하기 위해 필수불가결한 학문이 된 것이다. 따라서 초교 시절부터 논리적으로 사유하고 윤리적으로 판단하며 인간적으로 행동하는, 지성과 인격을 갖춘 인간을 양성하기 위해서는 철학 교육이 그 무엇보다도 필요하다.

초등학생들에게 어떻게 철학 교육을 시켜야 하는가?

초등학생 시절부터 철학 공부를 시작하면 혹시라도 아이들이 너무 사색적인 인간이 되어 현실에 적응을 못 하고 돈키호테 같은 사람이 되는 것이 아닌가 걱정하는 부모들이 있다. 그러나 참된 철학 교육은 그저 공리공론만을 즐기는 인간이 아니라 진리와 정의를 위해 현실에서 부단히 노력하는 지도자형의 인간을 양성한다는 것을 알아야 한다.

　초등학교 시절은 호기심이 매우 왕성한 시기라서 주변의 사물이나 상황에 대해 궁금한 것이 너무나 많을 수밖에 없다. 그들의 질문 하나하나를 자세히 살펴보면 대부분이 우주와 자연, 인간과 만물의 이치를 묻는 철학적 질문이라는 것을 알게 된다. 이럴 때 부모는 아이들의 질문에 대해 윽박지르거나 꾸짖을 것이 아니라 자신이 아는 범위 내에서 정성껏 대답해주고 자신이 모르는 것에 대해서는 함께 알아보자고 해야 한다.

물론 초등학생들에게 철학을 가르치는 학원이나 사회 교육기관에 보내 교육을 시키는 것도 좋은 방법이기는 하다. 그러나 만만찮은 수업료와 소요 시간, 강사의 신뢰도 등을 고려할 때 부모가 직접 초등학생용 철학책을 읽고 그 책들에서 저자들이 말하고자 하는 바를 요약 정리한 후 아이들에게 일정한 분량의 독서를 시키고 다 읽고 나면 문답식으로 질문하면서 사고력과 논리력을 증진시켜나가는 것이 바람직하다.

중고생들에게 어떻게 철학 교육을 시켜야 하는가?

중고교 시절에는 고전 중에서 철학책들과 종교 서적을 두루 읽는 것이 유익하다. 명심할 것은 아이들이 이때 철학적인 소양을 닦지 않고 대학에 가서 철학 공부를 시작하면 늦는다는 것이다. 왜냐하면 대학 시절은 자기 전공을 위해 온 노력을 기울여야 하고 대학 교양 과정에서 다루는 철학이나 사상과 종교 등은 강의 내용과 학습 시간이 한정되어 있어 철학적 사유를 기르는 데 크게 도움이 되지 않기 때문이

225

다. 즉, 초중고교 시절에 철학적 소양을 제대로 기르지 못하고 대학에 들어온 학생들은 그 광범위하고 휘황찬란하기까지 한 이념의 세계에 아무런 비판적 사고나 판단 없이 빠져들어 자신을 잃고 허우적거릴 수 있다.

사람의 가치관과 인격적 틀은 중고교 시절에 이미 거의 결정된다고 봐야 한다. 이때는 아직도 마음이 순수하고 외부적 사물이나 사상에 대해 열린 눈으로 받아들일 가능성이 있다. 그러나 이미 대학생이 되고 나면 한 사람의 책임감 있는 성인으로서 자기 나름의 주관이 뚜렷하게 서게 되고 누가 뭐라 해도 자신의 사고와 확신 속에서 움직이는 사람이 되기 때문에, 새로운 철학 교육을 아무리 시켜봐야 인간을 변화시키는 것은 불가능하다. 그러므로 유치원부터 시작된 철학 교육의 틀이 고등학교 시절에 완성되어야 하는 것이다.

세계 선진국들은 철학 교육의 중요성을 간파하고 아예 유치원 시절이나 초교 시절부터 철학 교육을 시작한다. 예를 들자면 프랑스의 바칼로레아baccalauréat, 즉 대학 입학 자격 시험에서는 철학 논술이 필수다. 이 철학 논술 시험은 학생들뿐만 아니라 온 국민의 관심사이기도 한데 교사들이 직접 출제하며 유치원 시절부터 연마한 철학적 사유의 능력을 고3 때 이 시험 안에서 완성하는 것을 목표로 한다. 우리나라의 논술 시험과는 달리 대단히 광범위하고 주관적이며 독창적인 사고력을 요구하는 수준 높은 철학 논술 시험이다. 바칼로레아 철학 논술 문제의 예로는 다음과 같다.

1. 자신이 의식하지 못하는 행복이 가능한가?

2. 우리의 말에는 우리 자신이 의식하고 있는 것만이 담기는가?

3. 예술 작품은 모두 인간에 대해 이야기하고 있는가?

4. 우리는 과학적으로 증명된 것만을 진리로 받아들여야 하는가?

5. 권리를 수호한다는 것과 이익을 옹호한다는 것은 같은 뜻인가?

6. 무엇이 내 안에서 어떤 행동을 해야 할지 말해주는가?

7. 정의를 위해 폭력은 정당화되는가?

이런 철학 논술 문제들에 대한 답안을 쓰기 위해서는 대단히 장구한 세월 동안 연마해온 광범위한 독서력에 토대를 둔 논리력과 사고력, 문장력이 요구된다. 벼락치기 공부나 족집게 과외 등은 아무 소용이 없을 것이다. 왜냐하면 사람들은 생각하고 고민해 획득한 지식과 정보 안에서만 자신의 사유를 전개해나갈 수 있기 때문이다.

그렇다면 중고생들에게는 어떻게 철학 교육을 시켜야 할까? 우선, 고전 독서를 통해 자신의 사유를 전개해나갈 수 있는 자료와 정보들을 두뇌 속에 저장해두는 작업이 필요하다. 흔히 우스갯소리로 인풋input이 있어야 아웃풋output이 있다고 말한다. 즉, 들어오는 것이 있어야 나오는 것이 있다는 말이다. 두뇌 속에 들어 있는 것이 있어야 나오는 것도 있을 것이 아닌가?

다시 말하면 중고교 시절에는 여러 위대한 사상가의 사유와 다양한 종교적 경전을 광범위하게 읽으면서 자신이 끌리는 사고 전개 쪽으로 방향을 잡는 것이 좋다. 물론 이 시절은 질풍노도의 시기로 어느 일정한 사유 체계에 종속되지 않고 자신의 사유가 원하는 대로 끌려가는 것도 인생의 여정에서 매우 바람직하다 할 수 있다.

중고교 시절을 명문 학교에서 정통적으로 공부만 들고파다가 명문 대학에 진학해 훌륭한 교수들 밑에서 열심히 공부하고 사회에 나와 잘 먹고 잘사는 길로 진출하는 것도 꽤 가치 있는 일일 것이다. 적어도 밥은 안 굶는다는 측면에서는 매우 긍정적인 일일 것이다. 그러나 질풍노도 같은 청소년 시기에 여러 가지 다양한 사유와 인생 경험을 통해 자기 나름의 뚜렷한 인생관을 적립하는 것도 아주 큰 의의가 있다. 세계적인 문학가들이나 사상가들 중에는 청소년기에 일정한 사상을 정립하지 못하고 방황하다가 어느 계기에서 멘토를 만나거나 아니면 위대한 책을 읽고 깨달음을 얻어 큰 위인이 된 사람들이 꽤 있다. 헤르만 헤세나 아우구스티누스 같은 사람들이 대표적인 경우다.

그러나 청소년 시절에 다종다양한 고전 독서를 하는 중에서도 위대한 철학책을 정해 놓고 이 책의 한 페이지 한 페이지를 완전히 씹어 삼키면서 그 사상가의 사고 체계를 좇아가는 것도 매우 유익하다. 나는 중학교 시절 주로 한국 문학과 세계 문학, 중국 무협에 심취했고 고교 시절에는 세계적인 사상가들의 작품을 마구잡이로 읽어나갔다. 그러다가 18세 때 칸트의 『순수이성비판』을 처음 읽기 시작했는데, 첫 부분인 '선험적 감성론'부터가 너무나도 어려워 도저히 이해할 수가 없었다. 수십 번을 읽었지만 도대체 무슨 소리를 하는지 알 수가 없었다.

그래서 '선험적 감성론'의 '공간론'과 '시간론'을 수백 번 읽고 또 읽으면서 한 줄 한 줄 암기해나갔다. 그러자 '독서백편의자현讀書百遍義自見(책을 백 번 읽으면 그 뜻이 저절로 나타난다)'이라는 옛말처럼 그 어려운 뜻이 술술 이해되기 시작했다. 나는 내처 '선험적 논리학'과 '변증론'까지 다 읽어냈고 결국은 평생 철학을 전공하는 사람으로 거듭나게 된 것이다. 중고교 시절에는 다독과 남독도 좋지만 평생 보배가 될 책을 하나 구해서 조금씩 천천히 익혀나가는 것이 무엇보다 바람직하다. 링컨에게는 『성경』이 그런 책이었고, 공자에게는 『주역』이 그런 책이었다.

컴퓨터 코딩 교육을 강화하라

오늘날 세계는 제4차 산업혁명의 대전환기를 맞이해 인공지능에 기반을 둔, 지능화된 디지털 사회를 건설하기 위해 컴퓨터 과학기술 교육과 코딩 교육에 열을 올리고 있다. 영국에서는 이미 2014년 9월부터 컴퓨터 교육과 코딩 교육을 초중고교에서 의무화했다. 미국도 2006년부터 컴퓨터 의무교육 준비를 시작한 이래 2014년에 40억 달러에 이르는 예산을 컴퓨터 교사 양성에 배정했으며, 정부와 기업과 학교가 연대해 대대적인 컴퓨터 프로그래밍 교육을 강화해오고 있다.

프랑스는 2014년에 초중고교에서 프로그래밍 교육을 의무화했고, 덴마크는 2014년부터 프로그래밍 교육을 중학교에서 의무화, 고등학교에서는 선택과목화했다. 핀란드도 2016년부터 코딩 교육을 의무화했다. 우리나라도 2015년에 개정된 초중고교 교육 과정에 따라 2018년부터 코딩 교육을 의무화하고 있다. 따라서 이제 초중고생들은 미래 사회에 살아남기 위해 코딩 교육을 철저히 받지 않으면 안 되는 상황이다.

여기서 코딩coding이란, 달리 말해 컴퓨터 프로그래밍을 말한다. 즉, 문제 해결을 위해 만들어진 명령을 컴퓨터가 이해할 수 있는 언어로 입력하는 것을 말한다. 이제 아이들은 스스로 컴퓨터의 프로그램을 기획하고 제작하며 운용하지 않고서는 생활을 영위할 수 없는 시대에 도달한 것이다.

코딩 교육에서 첫 번째 단계는 문제 해결에 필요한 요소와 변인變因들을 빠짐없이 점검하면서 필요시 사용할 수 있게 준비하는 것이다. 다음은 문제를 작은 부분으로 분해하는 단계로, '데이터 분석'을 말한다. 다음으로는 '패턴 매칭Pattern Matching' 단계인데 부분에서 유사한 점을 찾는 것으로 데이터를 시각화하는 것이다. 다음 단계는 문제의 해답을 구하기 위해 준비된 재료들을 순서에 맞게 차례대로 투입해 수행하는 과정, 즉 서로 다른 부분에서 찾은 차이점을 일반화하는 단계다. 이것은 데이터 모델링과 패턴의 일반화를 말하는데 '추상화抽象化'라고 부른다.

다음에는 결과를 얻기 위해 각 부분을 알고리즘과 연결하는 알고리즘 설계, 병렬화, 시뮬레이션 과정을 거치는데 이것을 '자동화'라고 부른다. 이렇게 한번 완성된 프로그램을 바탕으로 같은 방식으로 계속 작업을 수행해나가게 되는 것이다. 이렇게 체계적인 명령을 내리고 순서에 따라 문제를 분석하는 과정에서 아이들은 논리적인 창의력과 컴퓨터적인 사고력을 갖추게 된다.

코딩은 인공지능을 가능하게 하는 기반이자 도구가 되기 때문에 코딩 교육은 그 중요성과 가치가 나날이 더해지고 있다. 우리나라는 정보화 교육을 위해 2015년 9월에 새로운 교육 과정이 고시된 이후 다양한 연구와 정책적 노력으로 이것을 교육 현장에 적용하기 위해 힘써왔다. 하지만 우리의 현실은 정보화 교육에 대해 초등학교와 중등학교 과정에서 연계성이 결여되어 있고 창의적이고 융합적인 교육을 위해 필요한 수업 시수가 절대로 부족하다. 게다가 정보 교육의 가치와 중요성에 대해 사회적으로 인식이 결여되어 있는 데다 학교 교육 현장에서 물리적인 인프라의 결핍과 정보 교과 담당 교사진의 준비·역량 부족의 문제를 안고 있다.

또한 무엇보다 코딩 교육의 필요성에 대한 학부모, 학생들의 인식이 부족하다. 물론 민첩하게 코딩 교육을 시키려고 노력하는 학부모도 있지만 학교에서 받는 코딩 교육에 적응하지 못하는 대부분의 아이들은 이 과정을 따라가기 힘들어 결국은 사설 학원을 보내거나 과외 수업을 시키고 있는 형편이다. 일단 학부모들이 코딩 교육의 중요성에 대해 이해하는 것이 시급하다.

이제 코딩 교육은 학교에서 영어, 수학처럼 초중고교 과정의 필수 과목이 되었다. 물론 코딩 교육을 받는다고 해서 아이들이 컴퓨터 전문가가 되는 것도 아니지만, 가뜩이나 게임에 미쳐 있는 아이들이 더욱 게임에 몰두하는 것도 아니라는 점을 이해해야 한다. 이제 컴퓨터가 없이는 살아가기가 너무도 힘든 세상이고, 코딩을 제대로 알지 못한다면 미래 사회에 적응하기가 불가능해졌다. 코딩 교육은 아이들의 수학적·공학적인 두뇌 발달을 이끌어줄 뿐만 아니라 컴퓨터 언어에 익숙해짐으로써 인공지능 시대에 주체적으로 적응할 수 있게 해줄 것이다. 따라서 아이들에게 컴퓨터 과학기술과 코딩 교육을 강화하는 데 좀더 적극적으로 노력해야 할 것이다.

수학 공부를 잘하는 방법을 가르쳐라

대부분의 아이들은 왜 수학을 싫어하는가?

아리스토텔레스는 "사람은 이성적 동물"이라고 했다. 그렇다면 사람은 논리적으로 생각하고 합리적으로 판단하는 존재라는 소리인데, 정작 자세히 살펴보면 인간은 이성적이라기보다 감성적이며 본능적임을 알 수 있다. 이성적인 상태가 가장 바람직한 상태라는 의미지만, 인간의 본성 자체가 그렇게 고차원적인 합리성에 기반을 둔 사유와 공동체적 목적에 바탕을 둔 공리적인 판단을 하기보다 자기 이익을 위해 행동하는 것이 더 자연스럽다고 보아야 한다.

그래서 그런지 아이들도 수학을 별로 좋아하지도 않고 때로는 혐오하기까지 한다. 물론 수학적 머리가 뛰어나서 숫자와 논리와 사고 자체를 즐기는 아이라면 여기에 해당되지 않는다. 하지만 대부분의 아이들은 수학 공부를 별로 달가워하지 않고 마지못해 한다는 것이다.

이런 아이들이 수학을 좋아하게 만드는 방법은 과연 있을까? 첫 번째로 생각할 확실한 사실은 아이들이 수학을 싫어하는 이유가 선천적으로 도저히 수학을 익힐 수 없는 두뇌 구조를 가져서가 아니라는 것이다. 아이들이 수학을 싫어하는 것은 가르치는 사람들의 잘못임을 분명하게 인정하고 시작해야 한다.

두 번째로 생각해야 할 것은, 아이들이 수학을 싫어하고 못하는 진짜 이유다. 원래 인간의 두뇌는 암기보다는 이해에 적합한 구조로 이루어져 있다. 한번 이해한 것을 기억하기는 쉽지만 이해하지 못한 것은 아무리 머릿속에 넣으려 해도 쉽사리 암기되지 않는다. 수학역시 원리를 하나하나 이해하고 먼저 암기하다시피 익힌 후 문제 풀이로 나아가야 하는 이유다. 그런데 우리의 수학 교육은 원리 이해와 중요 공식과 공리를 철저히 익히지 않고 대부분 문제 풀이를 통해 상향식으로 진전시키는 데 문제가 있다.

세 번째로 생각할 점은 우리나라 수학 교재들이 아이들이 즐겁게 수학 공부를 할 수 있도록 만든 것이 아니라 오히려 복잡하고 어렵게 만들어 금방 질리도록 해놓았다는 것이다. 선진국, 특히 미국 수학책은 원리와 공식을 이해하고 난 다음 그것을 연습할 수 있는 구조로 만들어져 있다. 처음부터 다양한 컬러로 표현된 그림과 도표와 상세한 풀이를 통해 원리를 잘 이해할 수 있도록 만들어져 있다. 그렇지만 우리의 수학 교재들은 대부분 흑백이고 원리와 공식을 이해하고 익히기보다 갑자기 수준을 높여 응용문제를 풀게 만든다.

　　여기에서 아이들은 좌절감을 느끼고 수학에 흥미를 잃게 되는 것이다. 솔직히 어려운 수학문제를 잘 푸는 것이 수학을 잘하고 장차 대학에 가서 큰 공부를 하는 데 얼마나 도움이 되는지는 모르겠다. 그러나 초등학교 시절부터 아예 수학에 흥미를 잃고 수학은 재미없고 지겨운 과목이며 전혀 가까이하고 싶지 않은 학문이라고 생각하게 되는 상황이 오면 이것은 큰 문제다.

　　그렇다! 수학은 단순히 암기만 하거나 재미없는 과목이 아니다. 하지만 아이들이 수학을 잘하지 못하고 싫어하는 데에는 분명한 이유가 있다. 지금부터는 수학을 못하고 싫어하는 아이들을 위해 어떻게 하면 수학을 잘할 수 있을지 그 방법을 이야기하려 한다.

수학은 모든 학문의 기초일 뿐 아니라 쉽고 재미있는 과목이다

초중고교를 마치고 대학에 들어가면 우리나라 문과생들은 수학 공부를 할 필요가 없어진다. 대학 시절부터 수학 공부는 오직 이과생들의 몫이다. 하지만 미국에서는 초중고교와 대학, 대학원 박사 과정까지 문·이과 구별 없이 수학 공부를 안 할 수가 없게 되어 있다. 미국 고등학교에서는 문·이과 구별 없이 수학은 대수, 기하학, 삼각함수, 미적분AP까지를 이수하게 한다. 또한 대학원에 진학하려면 GRE 시험이나 GMAT(주로 경영학), LSAT(법학 대학원) 등의 시험을 봐야 하는데 여기에는 필수적으로 수학이 들어 있다. 즉, 수학적 사고를 바탕으로 하지 않고서는 어떤 학문도 할 수 없도록 설계가 되어 있다.

이는 한국에서도 필요한 부분이라 생각한다. 수학적 사고가 결여되어서는 공학과 이학, 생명과학 전 분야뿐만 아니라 경영, 경제, 법률 등 사회과학 등 모든 문과 과목에서 학문적인 큰 발전을 기대할 수가 없기 때문이다. 아무튼 수학을 싫어하는 아이들에게 수학을 어렵게 여기지 않고 좋아할 방법을 가르치기 위해 다음의 사항을 우선 주지시켜야 할 것이다.

첫째, 수학은 영어나 국어, 사회 등 타 과목에 비해서 외울 것이 매우 적다. 즉, 공식이나 원리가 사실상 그리 많지 않다는 것이다. 그러므로 수학은 조금만 노력하면 타 과목들보다 훨씬 쉽다. 둘째, 수학은 중요한 기본 공식과 원리만 이해하면 바로 문제에 적용할 수 있고, 문제라는 것들도 막연하지 않고 바로 해답이 나오므로 매우 명쾌한 학문이다. 셋째, 수학은 타 과목에 비해서 3분의 1의 시간과 노력만 투자해도 점수가 매우 크게 향상되는 경제적인 과목이라는 것이다. 사실 우리가 초교 시절부터 영어에 투자하는 시간과 물질과 노력의 3분의 1만 수학에 투자해도 수학 점수가 크게 향상되고 갈수록 쉬워지며 흥미를 느끼게 되는 과목이다.

수학은 개념을 이해할 때까지 계속 이해시켜야 한다

수학은 처음부터 끝까지 개념에 입각한 원리로 이루어져 있다. '1+1=2'라는 것은 일종의 개념적 원리에 대한 약속이다. '왜 그러한가?'를 묻기 시작하면 이는 매우 큰 문제를 야기한다. 에디슨은 초교 1학년 시절에 "1+1=2"라고 선생님이 가르쳤더니 "그럼 왜 진흙 한 덩어리와 또 한 덩어리를 더하면 두 덩어리가 아니라 한 덩어리가 되냐?"면서 선생님에게 따졌다. 아마 뛰어난 교사였으면 에디슨이 독창적인 마인드를 지닌 영재임을 알아차리고 달리 교육을 시켰을 것이다. 그러나 그는 에디슨을 학교에서 쫓아냈고 그는 부득이 어머니 밑에서 홈스쿨링을 받을 수밖에 없었다.

모든 아이들이 에디슨 같지는 않다. 그러나 아이들에게 수학은 잘못 가르치면 매우 비합리적이고 재미없으며 지겨운 과목으로 전락하고 아이들은 수포자로 전락하고 만다. 그렇기 때문에 초교 시절에는 산수의 사칙연산 원리를 상세하게 눈으로 보여주면서 쉽게 이해할 수 있도록 해야 한다. 그런 후에 일상생활에서 계산 연습을 통해 더하고 빼고 곱하고 나누는 기능의 필요성을 직접 보여주어야 한다.

그리고 기하학의 초보적인 원리를 쉽고 흥미롭게 이해시키도록 다각도의 노력을 기울여야 한다. 특히 입체 도형의 전개도와 같은 공간 지각력이 필요한 부분은 전개도의 모형을 부모와 아이들이 함께 제작해 보면서 이해를 높여야 한다. 이렇게 초등학교 시절 수학의 기초 원리를 튼튼히 배워놓아야 수학이 재미없고 지겨운 과목이며 아무리 해도 늘지 않는 과목이라는 편견을 버릴 수 있다.

중학교 수학은 고교 수학의 기초로서 거의 전 개념이 망라되어 있는데 다만 수준이 쉽고 낮을 뿐이다. 중학 수학을 철저히 공부하지 않고 고교 수학에서 좋은 결과를 기대할 수 없으니 중학교 수학을 쉽고 재미있게 공부할 수 있도록 아이들을 잘 유도해야 한다. 특히 학생들이 어려워하기 시작하는 것은 수의 개념인데 여기서부터 수학적인 논리가 시작되므로 이 부분의 개념 정립에 실패하고 나면 헤매기 시작하는 것이다. 그러므로 정수, 실수, 유리수, 순환소수 등 수의 개념을 철저히 이해해야 한다.

다음으로 확률과 통계 부분은 다소 어려운 부분이지만 고등학교 수학 전반에 걸쳐서 응용되기 때문에 매우 중요하다. 사실 천천히 논리적으로 아이들을 이해시키면 확률 개념은 '일어날 가능성 혹은 전체 경우의 수'이므로 현실의 경우를 예로 들어 설명하면 그리 어려운 부분이 아니다. 하지만 통계에서는 대푯값과 산포도 등 중요한 개념을 다지지 않고서는 절대 이해하기 어렵다. 그리고 함수의 이해 없이는 해석학적 기하학이나 미적분까지도 연결되는 중요한 부분이기 때문에 차근차근 논리적으로 이해시키고 응용 연습을 병행해야 한다.

또한 중학교 시절에 배우는 기하학의 기본 개념과 공식은 정말 중요하지만 우리나라 중학교에서는 이 부분의 교육이 다소 미흡하다. 플라톤이 세운 아카데미아의 정문에는 '기하학을 모르는 사람은 이 문을 들어오지 마라!'는 말이 쓰여 있었다고 한다. 그만큼 논리적으로 사고하고 증명을 추론하는 과정이 중요하다는 말이다.

고교 수학의 기초는 집합과 명제다. 이것은 모든 수학적 사고의 기반이 논리와 증명을 이해하는 부분이기 때문에 여기에서 개념이 다져지지 않으면 이어지는 수와 해석 기하학, 미적분으로 가면서 헤매게 된다. 그러므로 집합이 무엇이고 명제의 참과 진리를 어떻게 증명하는지에 대한 절차와 논리적 사고를 정립하는 것이 무엇보다도 중요하다.

그리고 고교 수학에서는 해석 기하학이 무엇보다도 중요한데 이것은 기하학적 기본 개념을 잘 정립한 후에야 사고의 전개가 가능하다. 기하학이 어렵다고 무조건 등한시하면 벡터와 공간 개념을 이해하기 어렵고 확률과 통계에 이르는 실용적인 수학까지 이해하기가 정말 어려워진다. 그리고 미적분까지를 확실하게 정복하지 않고 공학과 이학, 생화학과 우주과학에 이르기까지 수학적 사고의 응용을 절대 불가능하게 만든다. 따라서 중학 수학의 기본이 부족한 고교생이라면 다시 한번 기초를 잡기 위해 중학 수학의 기본을 확실하게 다져놓는 게 좋을 것이다.

공식과 공리 등 원리를 철저히 이해한 후 암기해야 한다

수학은 흔히 '이해하는 학문'이라고 한다. 맞는 말이다. 수학은 개념의 이해부터 시작해서 공리와 공식을 철저히 이해하고 문제 풀이를 통해 그 응용 방법을 익혀야 하기 때문이다. 하지만 놓지지 말아야 할 것은, 수학의 공식과 공리 등을 철저히 이해했으면 그것을 암기하는 수준까지 밀고 가야 한다는 것이다. 수학적 원리를 이해했다고 해서 중요한 공식이나 공리를 암기하지 않고 넘어가면 반드시 중간에 좌절하고 만다. 그러므로 수학이 약한 아이들일수록 수학의 공식집 같은 것을 카드로 보기 쉽게 만들어서 수시로 암기하게 하는 것이 좋다.

내가 상업고등학교에 진학해서 보니 수학은 주로 실용적인 과목이었다. 그런데 막상 중학 수학도 모르는 상태로 고교 수학을 공부하다 보니 도무지 이해할 수 있는 것이 없었다. 당시 나는 너무도 당황해 고민하다가 아무래도 중학교 수학을 공부하지 않아서 그런가 보다 생각하고 당시 최고의 수학 강사이자 저술가인 홍성대 선생이 지은 『중학 수학의 완성』이라는 책을 혼자서 공부하기 시작했다. 고교 1학년 시기 이 책을 처음부터 끝까지 풀어보면서 수학의 기초를 다져나갔다.

결국 이 책을 두 번 혼자서 완독하면서 모든 문제를 다 풀어본 나는 기초가 튼튼한 것으로 착각하고 홍성대 선생의 『고교 수학의 정석 공통수학 편』으로 들어갔다. 그러나 이게 웬일인가? 나는 그 책의 첫 페이지부터 도무지 하나도 이해할 수가 없었다. 끙끙거리며 방정식까지 풀어본 나는 함수부터는 도저히 진도를 나갈 수 없었다.

고교 2학년이 되었을 때 가장 수강생이 많은 대일학원 김남진 선생의 공통수학 강의를 들으러 갔다. 그때는 한 반에 400여 명의 학생이 빽빽하게 들어차 공부를 하던 시절이었다. 그런데 김남진 선생은 늘 강조하는 것이 "수학을 이해만 하는 것은 멍청한 짓이며, 공식과 공리 등을 철저히 외워야 한다"는 것이었다. 그러나 수학은 이해하는 학문이라는 신념에 가득 차 있던 나는 그 말을 무시하고 팔짱을 낀 채 강의를 구경하듯 그렇게 들었다.

그러나 한 달이 지나자 남는 것이 하나도 없었다. 아무리 수학 강의를 열심히 듣고 예·복습을 해도 나의 수학 실력은 늘 기미가 없었다. 두 달째부터 공부 방법을 바꾸기 시작했다. 즉, 모든 공식과 공리, 정리 등을 카드에 쓴 후 하나하나 외워나가기 시작했다. 당시 나는 공통수학에 한이 맺혀 하루 12시간씩 수학만 미친 듯이 암기하면서 두 달간을 공부했는데 그 후 공통수학을 조금 알 만하게 되었다. 그래서 학원을 그만두고 혼자서 공통수학을 공부했다.

얼마의 시간이 흐른 뒤 수학I을 공부하러 다시 그 선생의 수학I반을 수강했다. 그런데 웬일인가? 수학I 수업은 너무나 쉬웠다. 미적분도 별것이 아니었다. 그 후로 수학에 대한 공포와 무지에서 벗어났고 미국에서 SAT I의 수학을 아이들에게 영어로 가르칠 때 잘 가르친다는 소리를 들었다. 물론 미국 대학에서 수학 과정은 미적분까지 거의 A를 받았다. 이렇듯 수학은 개념 이해와 공식, 공리와 정리 등이 암기되지 않으면 도무지 발전하지 않는다는 것을 알아야 한다.

공식과 공리를 응용하는 쉬운 문제 위주로 연습한다

우리나라 수학 공부는 공식과 공리 등을 응용하는 연습을 시키기보다 주로 어려운 문제를 잘 푸는 것을 목표로 삼아 그저 문제 위주로 연습을 시킨다. 게다가 왜 그리 수준 높은 문제집을 풀게 하는지 이유를 알 수가 없다. 수학 공부의 목적은 어려운 문제를 푸는 데 있는 것이 아니라 수학적 원리를 논리적 사고에 적응하고 실생활에 응용하는 것이다. 그런데 학교나 학원에서 어려운 문제 풀이 위주로 수업을 진행하다 보면 흥미를 잃게 되면서 수학을 포기하는 학생들이 속출하는 사태가 발생하는 것이다.

우선 수학을 재미있게 공부하려면 교과서와 쉬운 참고서를 철저히 씹어 삼키는 것이 필요하다. 구체적인 방법은 첫째, 기본 개념을 철저히 이해해야 한다. 수학은 기본 개념을 이해하지 못하면 아무리 문제를 잘 풀어도 기초가 허약해 중도에 발전을 멈춘다. 교과서나 참고서를 읽으면서 공부해도 도저히 이해가 안 되는 부분은 학교나 학원의 선생님, 선배, 친구들, 부모나 형제자매들에게 물어서라도 반드시 개념을 이해하고 넘어가야 한다. 물론 이 과정에서 인터넷에 들어가 필요한 정보나 지식을 공유하는 것도 바람직하다.

둘째, 기본 공식과 공리, 정리 등에 대해 철저히 이해해야 한다. 이 과정에서 문제가 생기면 다음의 응용 단계에서는 절대 진전이 있을 수 없다. 그런 다음 기본 공식이나 공리, 정리 등은 암기하는 것이 좋다. 이런 기본적인 것들은 수학적 체계의 뼈대를 이루는 것으로서 이것이 제대로 세워지지 않으면 아무런 수학적 사고를 해나갈 수가 없기 때문이다.

셋째, 이 기본 공식이나 공리, 정리 등을 활용해 쉬운 문제들을 반복해서 풀어보아야 한다. 이 문제들이 쉽다고 해서 주마간산 식으로 넘어가서는 곤란하다. 이 문제들을 완전히 익히려면 한두 번 훑어보는 것은 크게 도움이 되지 못한다. 중요한 문제들을 여러 번 반복해서 풀어봄으로써 완전히 내 것으로 익혀야 한다. 그런 다음 약간의 논리적인 사고력과 응용력이 필요한 문제들을 풀어나감으로써 자기 나름의 수학적 지식의 체계를 쌓아가야 하는 것이다.

과학 공부에 취미를 붙이게 하라

과학기술 교육이 왜 중요한가?

나라가 잘되려면 이공 계통의 학문이 번성해야 한다. 즉, 과학과 기술의 발전을 통해서만 국가가 성장할 수 있다. 나라가 후진국일수록 문과계가 득세하고, 선진국일수록 이공계가 발달해 있는 것이 사실이다. 문과계는 사실상 관리직을 맡게 되지만 산업 현장의 과학과 기술 운용의 책임은 이공계에 있기 때문이다. 그런데 이공계는 대부분 수학과 물리학 등의 기초 학문을 토대로 해서만 발전할 수 있다.

오늘날 세계 최강대국인 미국만 봐도 STEM 즉 Science(과학), Technology(기술), Engineering(공학), Mathematics(수학)을 전공한 석사학위 이상 소지자들에게 영주권을 우선적으로 부여하는데,

그들이 얼마나 과학과 기술을 중시하는지 알 수 있다. 우리나라도 이제는 OECD에 속한 선진국이요 세계무역 대국이 되었지만 미국이나 독일, 일본 등과 같은 과학기술 선진국과는 많은 격차가 벌어져 있는 것이 사실이다. 아직도 과학과 기술 계통에서 인재들을 길러내기 위해 국가적 차원에서 엄청난 투자를 퍼부어야 하는 상황이다.

그러나 우리의 이공계 교육에서 가장 심각한 문제는 초등학교 시절부터 고교 시절까지 수학과 과학 공부가 매우 잘못된 방향으로 진행되고 있다는 점이다. 우리의 수학 교육은 초등학교 시절에는 주로 연산 위주로 진행되고 심지어 주산을 가르쳐서 쉽사리 계산 능력을 키워주려 하고, 중고교에서는 원리 이해와 사고력 증진보다는 고난도의 문제 풀이를 강조하고 있으며, 영재로 생각되는 아이들은 오직 경시대회를 목표로 공부하고 있다. 이러다 보니 공교육보다 사교육에서 선행학습 위주로 수학 교육이 진행되고 있다.

하지만 초교 시절부터 중고교 시절까지 사칙연산 능력뿐만 아니라 공간 지각력을 크게 신장시켜야 하며 단계별로 수학에 흥미를 느낄 수 있도록 매우 조직적이고 실용적이고 심원한 수학 교육을 시킬 필요가 있다. 즉, 고등학교를 졸업할 때가 되면 막연한 이론적 수학이 아니라 공학과 기술, 실용 과학에서 바로 써먹을 수 있는 실용적인 수학 실력이 갖춰져야 한다. 소수가 참여하는 경시대회에서 자기 실력을 뽐내고 수상을 통해 상급 학교 진학에 유리한 스펙만 쌓는 수학 교육은 이제는 지양해야 한다.

또한 초등학교 시절부터 고등학교 졸업 때까지 실험 실습을 위주로 하는 물리, 화학, 생물, 지구과학 공부를 강화해야 한다. 천편일률적 강의 형식, 입시와 시험을 위한 문제 풀이 위주의 과학 교육은 지양해야 한다. 과학 교육은 그 과정을 끝내면 직업 현장, 연구 현장, 산업 현장 등에 바로 투입될 수 있도록 실험 실습 위주의 교육으로 바뀌어야 한다. 과학 교육의 개선이나 개혁 없이 입시 위주로 진행하는 현재의 교육제도로는 제4차 산업혁명을 앞두고 국가 사회의 발전을 기대할 수 없을 것이다.

우리 아이가 어떻게 과학에 흥미를 가질 수 있을까?

2015년에 개정된 과학과 교과 역량은 첫째, 과학적 사고력, 둘째, 과학적 탐구 능력, 셋째, 과학적 문제 해결 능력, 넷째, 과학적 의사소통 능력, 다섯째, 과학적 참여와 평생학습 능력 등을 함양하는 것을 목표로 한다. 이 5가지 능력을 배양하기 위해서는 우선 아이들이 자연과 일상의 현상에 대해 호기심과 관심을 가질 수 있도록 유도해주어야 한다. 아이들은 어릴수록 궁금한 것이 많아 부모에게 끊임없이 질문을 하는데 부모들이 감당할 수 없어 차단하는 경우가 많다. 이것은 아이들에게 매우 좋지 않은 영향을 준다. 하나하나 최선을 다해 대답을 해주어야 한다. 모르는 질문이 나오면 솔직히 모른다고 말하면 된다. 그런 다음 함께 다양한 방법으로 해답을 찾아보는 것이다. 그래야

247

아이는 부모에 대한 신뢰가 싹트고 더욱 열심히 질문하는 자세를 가지게 될 것이다.

실험 실습을 통한 현장감 있는 수업을 한다

초등학교는 1학년과 2학년 때는 '슬기로운 생활' 과목에서 관찰하기, 분류하기, 동식물과 날씨에 대해서 공부하지만, 초등학교 과학 수업은 3학년 때부터 탐구 활동을 본격적으로 시작하며 일주일에 수업 시간은 2시간씩이다. 즉, 초등학교는 3학년 때부터 본격적인 과학 수업을 시작하는 것이다. 초등학생들은 과학실에서 실험 수업을 하면 매우 즐거워하며 과학 현상에 대해 큰 흥미와 관심을 보인다고 한다.

대부분의 초등생들이 실험 실습을 통해 직접 과학 현상을 탐구하는 것을 좋아한다. 따라서 초등학생들에게는 딱딱한 교재와 설명 위주의 수업이 아니라 실험과 실습을 통한 현장감 있는 수업을 통해 아이들이 과학 과목에 흥미를 느끼게 유도해야 한다. 이것은 중고생들에게도 예외가 아니다. 아니, 차라리 중고생들에게는 과학 수업은 실험 실습을 철저히 해가면서 과학적 진리를 찾는 데 매진해야 한다.

과학 현상을 상세히 설명한 좋은 과학 교재로 공부시켜라

다른 과목도 그렇겠지만 초중고교생들의 과학 공부는 특히 사실적인 그림과 도표, 도해, 상세한 설명을 통해 자연 현상을 흥미롭게 기술해놓은 과학책으로 하는 것이 바람직하다. 이런 책들은 과학에 대한 흥미를 유발시키는 내용과 편집 디자인 등이 잘 갖추어져 있어서 매우 유용하다. 선진국들의 과학 교과서를 보면 총천연색을 이용해 아주 상세하게 자연 현상들과 과학 원리들을 설명해놓고 있다. 이 교과서들만으로도 과학 공부에 큰 도움이 될 만큼 교재들이 잘 만들어져 있다. 우리나라의 과학 교재들도 이제는 예전보다 많이 선명해지고 상세해져 아이들에게 많은 흥미를 유발하는 좋은 내용들을 담고 있다.

초등학생들을 위한 과학 책은 아이들은 흥미를 가질 만한 질문을 던지고 호기심을 충족시킬 수 있는 대답을 제공하는 책이 좋다. 이런 책을 통해 과학적 논리와 사고에 익숙해지며 과학적 탐구 능력이 생기게 된다. 그러나 중고생들을 위한 과학책은 중요한 과학 원리들을 쉽고 흥미롭게 기술해놓은 책들이 좋다. 이 사이트(https://news.joins.com/article/7836)로 들어가서 중고생들을 위한 『중앙일보』 추천 과학도서는 '과학과'를 보면 된다. 물론 여기 나오는 책들을 다 읽으면 좋겠지만 특히 흥미를 느끼거나 필요한 부분만이라도 집중해서 읽으면 과학 지식을 쌓고 과학적 사고력을 기르는 데 큰 도움이 될 것이다.

과학관을 자주 방문해 실질적인 체험을 통해 중요한 지식을 획득시켜라

우리나라의 예전 과학관은 주로 과학 전문가들을 위한 다양한 지식과 정보를 제공하는 박물관식 과학관이었지만, 지금은 학생들이 직접 체험할 수 있는 체험형 과학관으로 바뀌고 있다. 과학관은 생태 체험관, 우주 천문관, 과학기술 체험관 등이 있는데 자체적으로 다양한 프로그램을 운영하고 있다. 방문자들은 보고 듣고 만지는 등 오감으로 체험하면서 과학 지식에 쉽게 접근할 수 있다. 따라서 과학관을 자주 방문해 다양한 체험을 하는 것은 책과 수업에서보다 훨씬 생생하고 확실한 과학적 지식과 정보를 획득할 수 있다.

더군다나 과학관 탐방을 통해 과학과 현실 생활의 연결고리를 파악하고 과학을 생활에 적용시키는 것은 아이들이 과학적 사고 능력과 탐구 능력을 갖추게 하는 데 꼭 필요한 것이다. 현재 운영되고 있는 각종 국공립·사립 과학관의 정보를 사전에 파악한 후 우선 집에서 가까운 과학관에서 시작해 점차 아이들이 관심을 많이 갖는 과학관을 찾아 다양한 체험을 하게 해보자. 다음은 현재 운영되고 있는 각종 국공립·사립 과학관의 명단이다.

명칭	주소	연락처
국립어린이과학관	서울시 종로구 창경궁로 215	02-3668-3350

남산과학관	서울시 관악구 낙성대로 101	02-881-3000
국립수산과학관	부산시 기장군 기장읍 기장해안로 216	051-720-3061
국립대구과학관	대구시 달성군 유가읍 테크노대로 6길 20 (상리 917번지)	053-670-6114
국립생물자원관	인천시 서구 환경로 42 (경서동 종합환경연구단지)	032-590-7000
국립광주과학관	광주시 북구 첨단과기로 235 (오룡동 1-6번지)	062-960-6210
국립중앙과학관	대전시 유성구 대덕대로 481 (구성동 32-2)	042-601-7979
첨단과학관	대전시 유성구 대덕대로 480	042-864-0055
국립과천과학관	경기도 과천시 상하벌로 110	02-3677-1500
농촌진흥청 농업과학관	전라북도 전주시 덕진구 농생명로 300	063-238-1000
나로우주센터 우주과학관	전라남도 고흥군 봉래면 하반로 490(예내리 산79-6번지)	061-830-8700
목포어린이바다 과학관	전라남도 목포시 삼학로 92번길 98 (산정동)	061-242-6359

유튜브에서 필요한 정보를 획득시켜라

오늘날 유튜브는 필요한 동영상이 다 갖추어져 있다고 해도 과언이 아니다. 아이들에게 필요한 과학적 지식을 설명해주는 동영상 역시 마찬가지다. 초중고교 교과과정에 나오는 과학 주제어 하나를 유튜브에 치면 매우 다양하고 유익한 동영상이 나온다.

유튜브의 동영상을 통해 공부하면 과학적 지식들을 매우 쉽고 재미있게 얻을 수 있다. 유튜브에 들어갈 때는 서칭 주제를 명확히 해야 하고 적절한 동영상만을 찾도록 유도해야 한다. 쓸데없이 이것저것 찾으면서 시간과 노력을 낭비하지 않도록 해야 한다.

탐구 보고서 작성을 습관화시켜라

우리나라 초중고교에서는 과학 과목에서 자유 탐구를 지도하고 있는데, 주로 방학 중에 탐구 보고서 작성을 과제로 내주는 경우가 많다. 학생들은 과제를 받으면 처음에는 익숙하지 않아 매우 힘들어 한다. 그러나 단순히 탐구 활동으로 끝나고 그 결과를 보고서 형태로 남겨놓지 않으면 열심히 해왔던 과학 탐구 활동의 결과가 시간이 지나면서 유야무야되어 버릴 수가 있다.

또한 축적된 결과물 없이는 다음 탐구 활동에 참고할 수도 없고 또 불필요하게 중복될 수도 있다. 그렇기 때문에 과학적 사고를 기르는 가장 좋은 방법은 탐구 활동 보고서를 꼼꼼하게 작성하는 것이다. 이것들이 일정량 쌓였을 때 책자 형태로 제본해둔다면, 아이들에게 과학적 자산으로서 큰 긍지와 자부심을 줄 수 있다.

그렇기 때문에 과학 탐구 활동 보고서를 처음으로 써야 할 때 아이들이 어려워할 경우 부모님이 옆에서 함께 탐구 주제, 동기, 탐구 방법, 탐구 결과와 결론 등의 형식에 맞게 보고서를 작성하고 탐구 수행이 이루어질 수 있도록 격려하고 도와주면 아이들의 과학적 사고력은 크게 증가될 것이다.

각종 과학 대회에 참가시켜라

우리나라에서는 학생들의 과학적 소질의 계발, 창의력의 진작과 미래 과학기술 인재 양성 등을 목표로 교내외에서 다양한 과학 대회가 열린다. 예를 들면 학생 과학 탐구 발표대회, 과학 탐구 토론회, 발명 대회, 물 로켓·에어 로켓 대회, 로봇 대회, 과학 상상화 그리기 대회 등이다. 아이들이 이런 과학 대회에 나가게 되면 준비하는 과정에서부터 무척 많이 배우게 되고, 또 대회에 참가해 다른 참가자들과 어울리다 보면 새롭고 창의적인 아이디어를 많이 얻게 된다.

과학 대회에서 상을 받는 것은 대단히 의미 있는 일이지만 설령 상을 받지 못하더라도 참가 자체만으로도 아이들의 과학적 흥미를 증진시키고 과학적 사고력을 크게 향상시킬 수 있다는 이점이 있다. 그러므로 아이들이 원하는 과학 대회에 잘 준비해 참가할 수 있도록 도와주자.

명상과 단전호흡법을 가르쳐라

인간 두뇌의 신비로움

인간의 두뇌는 너무도 복잡하고 정교해 현재까지 인간의 능력으로는 그 비밀을 완전히 밝혀내지 못했다. 다만 그간의 뇌과학자들은 연구를 통해 인간의 두뇌가 좌뇌와 우뇌로 이루어져 있고 각각 기능이 다르다는 사실을 밝혀냈다. 미국의 로저 스페리Roger Sperry 박사는 좌뇌와 우뇌가 분리된 환자들의 사례를 연구해 노벨상을 수상했는데, 좌뇌는 언어 뇌로 순차·수리·논리 등을 담당하고 우뇌는 감성 뇌로 시각·청각 등을 처리한다고 주장했다.

좌뇌는 우리 몸의 오른편을 담당하고 주로 언어, 즉 논리적이고 분석적인 부분을 맡고 있으며, 우뇌는 우리 몸의 왼편을 맡고 있고 주로 감각적인 부분, 즉 시각·청각·후각·촉각·미각 등을 담당한다는 것이다. 좌뇌형 인간은 논리적이고 분석적이며 언어적인 능력이 뛰어나고, 우뇌형 인간은 직관적이고 예술적이며 감각적인 능력이 뛰어나다고 했다. 또 좌뇌가 우뇌보다도 우수한 역할을 담당하는 것은 좌뇌의 뉴런 연결이 우뇌에 비해 거리가 짧고 뉴런이 더욱 성기게 연결되어 있기 때문이라고 했다.

그러나 뇌과학이 급속도로 발전하면서 새로운 가설의 도전을 받게 되었다. 영상기술의 발달로 더욱 진전된 연구 결과를 통해 기존의 구분은 좌·우뇌가 기능하는 방식을 너무 단순화한 것으로, 많은 모순이 있음이 밝혀진 것이다. 언어 능력만 해도 최근 밝혀진 바에 의하면 좌뇌만 언어를 담당하는 것이 아니라 우뇌에도 좌뇌의 언어 능력에 대응하는 영역이 있다. 즉, 좌뇌는 문법과 단어 등을, 우뇌는 강세나 강조 등을 담당한다고 한다.

또한 공간 감각은 주로 좌뇌 소관이라고 믿었지만 최근에는 우뇌는 전반적인 공간 감각을 담당하고 좌뇌는 특정 위치의 물체를 파악하는 것에 관련이 있다는 것이 밝혀졌다. 물건을 볼 때도 좌뇌는 그 물건의 기능과 의미와 관련된 이미지를 떠올리고 우뇌는 그 모양과 관련된 형상을 떠올리면서 두 이미지가 하나로 통합되는 것이다. 또한 작은 물체를 볼 때는 좌뇌가, 전체적인 형상을 떠올릴 때는 우뇌가 활성화된다. 이렇게 모든 인지 기능에서 좌·우뇌가 동시에 작동하지만 역할을 서로 다르게 하여 상호 보완적으로 기능을 수행한다는 것을 알아낸 것이다.

이렇게 오늘날에는 좌뇌는 지성을 담당하고 우뇌는 감성을 담당한다는 이분법적 사고를 지양하고 두뇌 전반의 총체적인 활동을 밝히는 쪽으로 연구가 진행되고 있다. 즉, 인간의 모든 지성적인 작용이나 감성적인 작용은 두뇌의 전반적인 활동에 의해 부분별로 서로 다른 기능을 상호 보완적으로 작동시켜서 총체적인 작용으로 나타난다는 것이다. 그러므로 어떻게 하면 보물덩어리인 두뇌를 잘 활용할 수 있을지 그 방법을 찾는 것이 중요하다.

미국의 최고 지성 중 하나였던 철학자이자 심리학의 창시자 윌리엄 제임스는 보통 사람들은 평생 자기 두뇌의 10퍼센트도 못 쓰고 죽는데 이른바 천재들은 15퍼센트 정도를 활용한다고 했다. 인류 최고의 지성 중 하나였던 아인슈타인의 두뇌를 연구해본 결과 그도 자기 두뇌를 겨우 15퍼센트 정도밖에 쓰지 못했다는 것이다.

하지만 오늘날 그의 이런 주장은 매우 근거가 희박하다고 한다. 인간의 두뇌를 이루는 피질은 쓰면 쓸수록 두터워진다. 즉, 공부를 많이 하면 할수록 뇌 속에 있는 약 1,000억 개의 신경세포인 뉴런이 상호 연결되면서 머리가 점점 좋아진다는 것이다. 우리 신체의 노화란 우리 몸의 세포가 죽어가는 과정이지만 두뇌의 세포는 적당히 영양이 공급되면서 끊임없이 개발하면, 아무리 나이가 들어도 공부하면 할수록 놀라운 두뇌의 능력을 가지게 된다.

지금까지는 주로 서양의 과학적 입장에서 밝혀낸 두뇌의 작용을 기술했다. 여기서 우리의 고유 철학서인 『천부경』과 『삼일신고』에서 우리 인간의 두뇌를 어떻게 말했는지 잠깐 살펴보고자 한다.

"인간의 중심은 마음이다." 우주론적으로는 태양이 태양계의 중심이지만, 우리 몸의 중심은 마음心(=火)이다. 그런데 이 마음을 관장하는 곳은 바로 두뇌 속에 들어 있는 영靈인 것이다. 그래서 『삼일신고』에서는 "소리와 기운으로 정성껏 기도하면 하느님이 우리에게 나타나시니 스스로의 본성에서 씨알을 구하라. 우리 뇌 속에 그 씨앗이 들어 있다"고 했다.

우리 뇌 속에는 '하느님과 연결된 씨알', 즉 '영靈'이 존재함을 알 수 있다. 다시 말하면 우주만물의 창조주이자 운영자이며 감독자인 하느님의 씨알인 영이 우리 두뇌 속에 들어와 있다는 것이다. 이 얼마나 엄청난 두뇌의 비밀인가? 우리가 신의 아들딸로서 작은 신이 될 수 있는 것은 바로 우리의 두뇌 속에 들어 있는 영을 환하게 밝혀 성통공완性通功完(성품이 통하고 공을 완성한다)하기 때문이다. 다시 말해 우리 뇌(상단전)와 마음(중단전)과 단전(하단전)이 하나로 통하면 바로 우리의 영이 하느님의 영과 합쳐져 신과 같은 수준으로 격상된다고 말한다.

두뇌를 발달시키려면 어떻게 해야 하는가?

자기 아이가 머리가 좋아서 책을 한 번 보면 그냥 싹 외워버리고 시험만 보면 만점을 맞으며 공부를 매우 잘해 모든 사람에게 칭찬을 받는 아이가 되기를 바라지 않는 부모가 있을까?

그런데 부모들은 내 아이들이 머리가 좋고 공부를 잘하기는 바라지만 대체 어떻게 해야 내 아이의 두뇌가 좋아지는지를 잘 모르고 있다. 이렇다 보니 사이비 업체에서 주장하는 뇌 훈련법, 뇌 공부법 등에 막대한 재물을 쏟아붓고 아이들의 귀중한 시간과 노력을 허비시키고 있는 것이 현실이다. 오늘날 뇌를 좋아지게 한다는 각종 과학적 방법이나 훈련법 또는 공부법은 자칫 잘못하면 아이의 귀중한 몸을 망치고 어린 마음에 상처를 줄 수 있다는 점을 생각한다.

우선 '머리가 좋다, 두뇌가 좋다'는 말의 정확한 개념부터 정립하고 시작해야 한다. 대체 머리가 좋다는 말은 무슨 뜻인가? 잘 외우는 것인가? 아니면 계산을 뛰어나게 잘하는 것인가? 아니면 어떤 책이라도 읽고 바로 이해하고 술술 설명할 수 있는 것인가? 물론 이모든 것이 머리가 좋다는 의미에 포함될 것이다.

두뇌 회전이 원활해야 한다

머리가 좋다고 말하는 것은 두뇌가 원활하게 회전한다는 것을 의미한다. 이 말은 우리가 가끔 머리가 아프다, 머리가 잘 안 돌아간다, 머리가 이상하다는 표현을 쓰는 상황과 비교할 때 분명해진다. 이런 나쁜 상황은 분명 우리의 육체적 상황과 밀접하게 연결되어 있다.

신체의 모든 신경은 사실상 뇌에서 관장한다. 뇌에서 가장 중요한 부분이 뇌간인데 뇌간은 뇌의 가장 아랫부분으로 중뇌midbrain, 교뇌pons, 연수medulla oblongata의 세 부분으로 구성된다. 뇌간의 윗부분이 시상과 만나고, 그 위에 대뇌 반구가 덮여 있다. 뇌간의 아래에 척수가 이어지고 그 뒤쪽에 소뇌가 있다. 뇌간 안에는 신경로tract가 있는데 이것은 신경세포의 집합체인 신경핵과 축삭돌기, 신경섬유로 이루어져 있다. 뇌간은 그 위치에서 신경다발을 통해 대뇌와 척수 사이에서 소통을 원활하게 해주고, 소뇌와 대뇌, 소뇌와 척수의 신호를 중계한다. 척수와 대뇌의 연락로인 상행로와 하행로를 형성하고 운동을 조절하며 반사 기능을 담당하는 자율중추로서 자동적으로 일어나는 반응을 조절한다.

그런데 이 뇌는 인체의 2퍼센트 정도를 차지하는데 에너지 사용량은 전체의 20퍼센트라고 한다. 그만큼 뇌에 충분한 산소와 에너지를 공급해주어야 한다. 그러나 우리의 척추에서 몸의 균형이 맞지 않아 뇌 속으로 전달되는 피가 잘 안 돌고 산소도 부족하고 영양이 부족하면 머리는 띵해지고 사고 작용이 잘 안 된다. 이런 상태에서 공부를 하거나 운동을 하거나 하면 분명 탈이 난다. 반드시 경추 부위에서 뇌로 들어가는 혈관에 피가 잘 공급되도록 유지해야 한다.

자세를 바르게 하고 몸의 균형 상태를 잘 유지시킨다

그렇기 때문에 내 아이의 머리를 좋게 하려면 우선 척추를 똑바로 세워 항상 자세를 반듯하게 하고 몸의 모든 기관이 일사불란하게 움직여 뇌가 잘 작동하도록 해야 할 것이다. 그렇기 때문에 아주 어려서부터 아이들의 앉는 자세와 자는 자세를 반듯하게 유지시켜야 한다. 그리고 맨손체조 등을 통해 혈액 순환이 잘 되도록 해야 한다. 그래야 두뇌가 건전한 상태를 유지할 수 있고 머리 좋은 아이로 자랄 수 있다.

머리에 좋은 음식을 먹인다

공부를 열심히 하는 아이는 식욕도 왕성하다. 두뇌 활동 자체가 많은 열량을 필요로 하기 때문이다. 아침식사를 거르고 공부를 할 때 잘 안 되는 것을 보면 알 수 있다. 우리 몸의 최고 사령관인 두뇌에 아무런 영양도 공급하지 않으면서 머리를 쓰라고 하는 것은 사령관에게 식량도 공급해주지 않고 전투를 지휘하라고 하는 것과 다를 바 없다.

그렇다면 아이들의 두뇌 발달에 좋은 음식은 무엇인가? 많은 전문가들이 여러 가지 주장을 했다. 그런데 하나같이 주장하는 것이 우리가 즐겨먹는 밥과 고기, 설탕 등은 매우 나쁘다고 말하고 있다. 하지만 나는 오랫동안 건강 문제를 대체의학의 입장에서 연구해온 사람으로서 이 문제에 대해 나름 정리해 의견을 피력하고자 한다.

아이들의 뇌 발달에 좋은 식품들

* 귀리

귀리에는 뇌에 좋은 단백질과 아미노산이 풍부하며, 불포화지방, 비타민B_1·B_3, 엽산, 비타민E, 칼륨, 셀레늄, 인, 마그네슘도 함유하고 있다. 귀리로 만든 오트밀은 뇌 기능의 개선과 기억력의 강화, 심장 건강에도 좋은 것으로 알려져 있다. 오트밀을 밥 대신 즐겨 먹는 가정도 있다.

* 브로콜리

브로콜리는 십자화과 채소로서 건강에 매우 유익한 채소로 알려져 있다. 브로콜리에는 단백질, 섬유질, 비타민A·C·E·K와 비타민B_3·B_6가 풍부해 기억력 증진에 매우 도움이 된다. 찌거나 생으로 먹는 것이 영양분 흡수에 좋다고 알려져 있다.

* 호두

호두는 뇌수와 많이 닮아 있어서 그런지 뇌에 매우 좋은 식품으로 알려져 있다. 임산부가 호두를 엄청 먹었더니 머리가 매우 좋은 아이가 태어났다는 말도 종종 들을 수 있다. 호두는 콜레스테롤 수치를 조절하고 뇌 역량을 강화하는 데 크게 도움이 되는 견과류다. 리놀렌산, 오메가3, 섬유질, 비타민B_1·B_2·B_3·B_6, 엽산, 마그네슘, 구리, 셀레늄, 플라보노이드, 비타민A 등이 들어 있기 때문이다. 다만, 칼로리가 매우 높으니 3개 정도를 꾸준히 먹게 하는 것이 좋다.

* 등 푸른 생선

등 푸른 생선에는 고등어, 삼치, 꽁치처럼 푸른색 등에 살이 흰 것과 참치, 연어처럼 푸른색 등에 살이 붉은 생선이 있다. 붉은 살을 가진 등 푸른 생선이 흰 살을 가진 등 푸른 생선보다 철분과 단백질(아미노산), 지방 함량이 더 높다. 이 생선들은 불포화지방산인 DHA와 EPA가 풍부하며 다양한 비타민을 함유하고 있어 심장과 두뇌 건강에 매우 좋은 것으로 알려져 있다. DHA는 오메가3가 풍부하며 이것은 뇌 회질에 고농도로 축적되어 있는데, 뇌 건강에 중요한 성분이다. 등 푸른 생선에는 신경과 뇌세포 건강에 필수적인 비타민B$_{12}$도 많이 들어 있다.

* 달걀

달걀 노른자에 들어 있는 콜린은 비타민의 일종인데 뇌의 신경전달물질인 아세틸콜린의 원료다. 이 아세틸콜린은 학습력과 기억력을 상승시키는 데 큰 도움을 준다. 그러나 달걀은 하루에 2개 이상 먹지 않는 것이 바람직하다. 지나치게 많이 먹으면 콜레스테롤을 증가시키기 때문이다.

* 호박씨

호박씨에는 마그네슘이 풍부한데 이것은 뇌 등에서 신경 신호가 원활히 전달되는 것을 돕는다. 또한 호박씨에는 아연이 풍부하기도 한데, 아연은 사고·학습·추리 등 인지 능력을 높이는 데 큰 도움을 준다.

* 해조류

해조류에는 요오드가 풍부한데 요오드는 마그네슘처럼 신경 시스템과 뇌 건강에 중요한 역할을 한다. 또한 아연처럼 인지 기능을 향상시키는 데 큰 도움이 된다.

* 전통 식단 중 두뇌 건강에 좋은 음식들

이른바 삼백三白 식품인 흰 쌀밥, 흰 밀가루, 흰 설탕과 소금이 몸에 안 좋다고 말하는 것은 과도하게 섭취했을 때 그렇다는 것일 뿐, 이 식품들이 우리 몸의 중요한 영양을 공급하고 몸의 기능을 활성화시키는 데 큰 역할을 하는 것은 사실이다. 그러나 많은 의사들이 경고하는 데에는 충분한 이유가 있다. 탄수화물을 과도하게 섭취하면 탄수화물 중독증에 걸리고 비만이 된다고 한다. 서양, 특히 미국에 가보면 심한 비만 체형의 사람들이 헉헉거리며 길거리를 거니는 것을 볼 수 있다. 서양 식품은 우리 전통 음식과는 다르게 이른바 삼백 식품이 그대로 인스턴트 식품화됨으로써 일단 섭취하고 나면 도저히 소화 분해가 안 되어 그대로 체지방으로 축적되기에 생기는 현상이다.

또 우리나라 대표 음식인 김치를 비롯해 각종 탕과 국, 장아찌, 젓갈, 장(된장, 고추장, 간장 등)은 대부분 소금이 많이 포함되어 있다. 그런데 소금은 과도하게 섭취하면 위 점막을 자극해 위암의 원인이 되며, 혈관의 삼투압을 지나치게 높여 혈관계 질환(고혈압, 심장 질환, 뇌혈관 질환 등)을 유발하고 당뇨와 비만의 원인이 되기도 한다. 또한 뼈를 형성하는 칼슘Ca을 배출시켜 골다공증을 유발할 수 있다.

그렇다면 전통적인 우리의 식단은 아이들의 두뇌 건강에 나쁘다는 것인가? 나는 오랫동안 건강 문제에 천착해온 사람으로서 이런 경고에 다소 문제가 있다고 본다. 우리 전통 식단은 결코 그렇게 건강에 나쁜 것이 아니고 되레 발효식품 위주의 우리 전통 식품이 웰빙 식품임이 속속 밝혀지고 있다. 아이들의 두뇌 발달을 위해서는 현미 잡곡밥(최소 5곡)과 적당한 육류와 멸치, 김치와 콩나물, 두부, 흑설탕과 죽염을 쓰고 초콜릿을 조금 먹이라고 권하고 싶다.

* 좋은 물을 많이 자주 마시게 하라

물이 인간에게 얼마나 중요한지는 구태여 말하지 않아도 될 것이다. 인간 몸의 약 70퍼센트가 수분인데 이 물이 원활하게 공급되지 못하면 우리 몸은 치명상을 입게 된다. 먹는 식량은 얼마간 굶어도 살 수 있지만 물을 일주일만 안 마시면 바로 사망에 이르게 된다는 것을 우리는 잘 알고 있다.

그런데 요즘은 우리가 늘 마시는 물의 오염이 너무 심해 이제는 국가에서 운영하는 수돗물마저도 안심하고 마실 수 없는 형편이다. 물론 물 공급 회사들이 엄청나게 늘어 자사 제품을 광고하고 있고, 정수기 회사들은 각종 제품을 만들어 소비자들을 현혹시킨다. 그런데 문제는 일반 정수기에서 나오는 물은 자연 미네랄이 전혀 없는 증류수인데 이것은 우리 아이들 건강에 별로 좋지 않다는 것이다. 증류수는 병원용으로나 쓰이면 좋지 마시기에는 부적절하다. 이렇다 보니 수소수를 생산하는 정수기 회사들이 엄청 많아졌다. 우리 몸의 활성산소를 잡는다는 취지로 만들어진 수소수 정수기가 어느 정도는 효과가 있다고 한다. 나는 하루에 스핀 워터Spin Water를 1리터 정도 마셔 건강을 유지시키고 두뇌도 맑아지는 경험을 한 적이 있다.

뇌 건강에 나쁜 식품들

* 과도한 동물성 지방과 트랜스 지방

아이들이 동물성 지방과 트랜스 지방을 지나치게 많이 섭취하면, 뇌혈관에 손상을 가져와 뇌에 혈액 공급이 원활하게 이루어지지 못하며 뇌졸중과 치매에 걸릴 위험이 매우 높아진다. 고칼로리 식품인 동물성 지방과 트랜스 지방은 몸의 신진대사를 어렵게 만들어 비만과 고지혈증, 당뇨병을 유발시킴으로써 뇌 건강에 큰 문제를 일으킨다. 또한 뇌의 식습관을 통제하는 조절 중추에 이상을 가져와 뇌가 과식, 폭식, 과도한 칼로리 섭취에도 포만감을 느끼지 못하게 만들어 비만을 부름으로써 건강에 큰 문제를 야기할 수 있다.

* 지나치게 정제한 백미와 밀가루

과도하게 정제한 삼백 식품은 건강에 문제를 일으킨다. 특히 지나치게 정제해서 섬유질은 사라지고 녹말만 남은 백미나 밀가루 역시 뇌 건강에 좋지 않다. 녹말만 남은 백미나 밀가루는 위에서 쉽게 분해된 후 흡수되어 혈당이 급격히 상승하게 된다. 혈당이 급격히 오르면 췌장에서 인슐린을 너무 많이 분비하게 된다. 그 결과 췌장의 인슐린 분비 기능에 이상이 생기고 아이들이 탄수화물을 충분히 섭취해도 포도당이 혈액에 제대로 흡수되지 않아 결국은 아이들의 두뇌 활동 능력이 떨어지는 것이다.

＊ 설탕·사탕 등 과도한 당분

우리나라의 전통적인 식단은 일반적으로 탄수화물의 비중이 높았다. 빈궁하던 시절 만성적으로 식량이 부족했고 또 밥을 많이 먹음으로써 에너지를 공급받았기 때문이다. 그런데 여기에 과도한 당분을 섭취하게 되면 이런 물질이 중성 지방으로 바뀌어 뇌혈관에 나쁜 영향을 미친다. 또한 과도한 당분은 뇌의 식습관을 관장하는 조절 중추를 파괴함으로써 비만을 부르고 결국 우리 몸의 전체적인 균형이 깨져 뇌에 혈액과 산소가 원활히 공급되지 못하는 것이다.

뇌 발달을 위한 최선의 길은 명상과 호흡법이다

명상이란 무엇인가?

시인 유베날리스의 "건강한 신체에 건전한 정신이 깃든다"라는 말은 로마 제정 당시에 로마인들이 육체적인 단련에만 치중하고 정신적인 훈련에는 무관심한 모습을 풍자했던 말이다. 즉, 신체는 건강한데 정신은 텅 비었음을 비꼰 말인 것이다. 그러나 이 말은 역설적으로 신체가 건강하지 않으면 건전한 정신이 생길 수 없다는 말로 의미가 전용되어 쓰이고 있다.

사실 신체는 망가졌어도 정신만은 강건해서 큰 업적을 남긴 위인들도 있기는 하다. 2018년에 사망한 세계적인 천체물리학자 스티븐 호킹 박사는 루게릭이라는 근육 위축증을 앓았는데, 의사들이 2년밖에 못 산다고 했지만 죽음의 공포와 싸우면서 77세까지 살았다. 또한 시각과 청각의 중복 장애인이면서도 작가요 교육가요 사회주의 운동가로서 전 세계 장애인들을 위해 불꽃같은 삶을 살았던 헬렌 켈러 여사도 있다. 이런 분들은 특별한 예외적 인물들이고 대부분 신체가 강건하지 못한 사람들은 두뇌 활동도 원활하지 못해 힘든 삶을 사는 것이 사실이다.

전통적으로 우리의 선비 문화는 숭문상무崇文尙武의 전통 속에서 한민족만의 고유하고 찬란한 문화를 이루어온 것이 역사적으로나 문헌학적으로 증명되어왔다. 우리의 전통문화 중 가장 위대한 것은 바로 천지인天地人 삼재三才를 일체로 보는 삼일철학三一哲學인데, 이 고유한 사상은 바로 우리 인간의 마음心과 기운氣과 몸身을 하나로 보고 있다.

그래서 우리 인간의 몸과 기운과 마음이 하나가 됨으로써 하느님의 영과 하나가 되었을 때 성통공완性通功完이 이루어진다고 한다. 이렇게 성통공완한 사람은 신神처럼 영명英明한 선인건자仙人健者가 되며 이렇게 되었을 때만 공명정대한 지도자가 될 수 있다는 것이다. 즉, 사리사욕이 아닌 공익을 위해 자신을 헌신하는 사람인 홍익인간弘益人間하는 사람이 된다고 말하고 있다.

이런 삼일철학에서는 무도武道와 음률과 의약을 하나로 보고 있다. 즉, 이 3가지에 완전히 통달하려면 심기신을 일치시키는 신체 건강법을 수련해야 한다. 그 신체 건강법이 바로 '붉돌법' 또는 '국선도國仙道'인데 명상과 호흡법을 통해 내공의 기초를 닦고 나아가 몸과 마음과 기를 완진히 하나로 일치시킴으로써 선인건자가 되는 것을 목표로 하고 있다.

오늘날 단전호흡, 복식호흡, 단학, 선단법 등 각종 이름으로 불리고 있지만 그 본질은 저 환국의 환인 시절부터 시작되어 배달 나라의 환웅천왕과 고조선의 단군왕검, 북부여의 해모수 천제와 고구려의 고추모 성제, 대진(발해)의 대조영 열제 등을 통해 우리 민족에게 전승되어오고 있는 민족 고유의 불로장생법인 것이다.

그런데 자칫 잘못해서 사이비 도사들을 만나 호흡 훈련법을 잘못 전수받으면 강건한 신체와 마음은 고사하고 주화입마走火入魔되어 마귀의 종이 되는 불행한 결과를 빚을 수 있다. 그러므로 우리 아이들에게는 정통의 단전호흡 수련법을 잘 선택해 어린 시절부터 제대로 된 훈련을 시켜야 한다. 나는 10대 때부터 이 단전호흡법에 입문해 현재까지 꾸준히 연마해오고 있는데, 아이들에게 사단법인 국선도 단전호흡을 권하고 싶다. 왜냐하면 이 단체의 단전호흡법은 도맥道脈이 고대 환인 천제에게서 시작되어 현대 청산거사에 이르기까지 참된 내공과 외공의 호흡법을 정통으로 전승시켜왔으며 숱한 제자들의 검증을 통해 건강 증진 특히 두뇌 발달에 엄청난 도움을 주어왔기 때문이다.

명상과 단전호흡법의 실체

명상과 단전호흡법은 다르다. 명상이란 우리 마음이 무념무상無念無想의 상태가 되어 아무런 생각이나 잡념이나 망상이나 의지가 없이 그저 천지자연의 흐름에 나의 의식을 맡기는 것을 말한다. 여기서 무아의 경지에 들어간다는 것은 '나自我'를 버리는 것이 아니고 '내 영혼이 나라는 자아를 고요히 직관하는 상태'를 말한다. 그렇다고 해서 불교식의 간화선看話禪처럼 어떤 화두(명상의 주제)를 놓고 골똘히 사념하는 것을 우리는 명상이라고 보지 않는다.

나는 명상을 하면 일어나는 몸과 마음의 변화, 두뇌 발달의 효과를 과학적으로 증명하거나 수많은 사람들의 간증을 여기에 실을 생각은 없다. 이미 동서양을 막론하고 명상을 하는 것이 정신 건강에 좋으며 특히나 우리 몸을 최적 상태로 만든다는 것이 무수한 연구에 의해 밝혀졌기 때문이다. 나는 다만 아이들을 위한 명상의 기초를 설명하는 것으로 대신하고자 한다.

명상에서는 입을 쓰지 않고 코로 숨을 들이마시고 내뱉는 것을 가장 자연스럽게 실행한다. 처음에는 아이들에게 반가부좌나 양반다리를 하고 앉게 한 다음 팔을 자기 양 무릎 위에 살짝 올려놓고 눈은 감지 말고 약 50센티미터 앞을 바라보면서 그저 천천히 고요하고 편하게 숨을 들이마시고 내뱉도록 한다. 이때에는 무조건 자연스러운 호흡을 해야 한다. 그러면서 마음속에 떠오르는 사념들을 처음에는 그냥 흘려보낸다. 억지로 생각을 안 하려고 하면 더욱 그것에 집착하게 되니 그저 마음이 가는 대로 코로 고요히 숨을 들이마시고 내뱉으면서 마음이 자아를 바라볼 때까지 한 걸음 한 걸음 나아가는 것이다.

처음에는 아이들이 지겨워할 테니 들이마시기를 3초, 내뱉기를 3초 하면서 약 5분 동안 한다. 그러다가 일주일 지나 4초 호흡을 시킨다. 명상 시간은 6분 정도로 늘린다. 이런 식으로 시간을 늘려나가면 한 달이 못 가서 약 10초 호흡이 가능하게 될 것이고 명상 시간은 거의 20분에 이르게 될 것이다. 차츰 시간을 늘려나가 하루에 적어도 30분 이상 명상을 하는 습관을 들이게 되면 웬만한 머리 아픈 증상이나 우울증 등이 치유되며 신체가 건강해지고 있음을 느끼게 될 것이다. 물론 우리의 두뇌는 가장 건전한 상태에 놓여 있게 되는 것이다.

다음으로 단전호흡을 어떻게 할 것인지를 살펴보자. 한 가지 주의할 점은 일부 상업적인 사이비 회사나 단체들이 단전호흡을 변형해 뇌 호흡 운운하면서 뇌 호흡의 실체가 있는 것처럼 호도해 아이들의 건강한 몸과 마음을 망치고 있다는 것이다. 물론 우리 뇌의 간뇌 부분이 우리의 호흡을 관장한다.

이때 명심할 것은 단전으로 호흡을 하는 것은 등 뒤의 명문혈로 호흡하는 것이므로 숨을 들이마실 때 배꼽 밑의 단전 부분이 불룩하게 튀어나왔다가 내뱉을 때 움푹 들어간다는 것을 의식해야 한다. 코로 숨을 들이마시고 내뱉는다고 해서 코만 사용하고 배 아랫부분은 가만히 있으면 제대로 된 단전호흡이 아니다.

어린 시절에는 매일매일 적어도 30분씩 단전호흡을 연마해 나가면 머리가 맑아지고 전신의 기운이 충만해짐으로써 의젓한 사람으로 성장해나갈 것이다. 이런 맑은 머리의 상태에서 공부를 해나간다면 명상이나 단전호흡을 하지 않는 아이들보다 2~3배는 빠르고 효과적인 공부를 할 수 있을 것이다.

프로 스포츠 선수처럼 만들어라

아이들에게 스포츠 활동이나 무도가 왜 중요한가?

선천적으로 스포츠와 무도를 좋아하는 아이들의 부모는 복을 많이 받은 것이다. 아이들이 태어날 때부터 병약하거나 몸을 움직이기 싫어하면 부모는 아이의 건강 문제 때문에 엄청나게 많은 고민을 하고 고생을 할 것이기 때문이다. 나만 해도 어려서부터 너무 병약해 거의 매일 앓다시피 하고 초교 3학년 때는 열병에 걸려 몸에 열이 40도를 오르락내리락하며 죽음의 문턱을 몇 번씩 왔다 갔다 했다. 나의 부모님은 허구한 날 나를 업고 병원을 드나들었지만 낫지 않아 수개월을 학교도 못 가고 집에서 생활했는데 결국 담당의사의 소개로 당시 서울의 수도대학병원에서 진단을 받은 후 치료를 받고 나을 수 있었다.

이후 나의 부모님은 나에게 공부보다 그냥 실컷 놀면서 즐겁게 살라고 말씀하셨고 나는 그때부터 학교 공부는 뒷전이고 친구들과 마냥 놀면서 지냈던 기억이 난다. 그 뒤로부터 성격도 변하여 꼼꼼하고 착실하며 모범생이던 나는 활달한 성격이 되었다. 어릴 때부터 병약한 아이들은 건강해지는 것보다 중요한 것이 없다. 우선 몸이 튼튼해야 학업도 하는 것이지 약하디 약한 아이들은 학교에 다니는 것도 지겹고 하루하루 살아가는 게 고역일 수밖에 없다. 그래서 나는 학부모들에게 아이들이 평생 즐길 스포츠나 무도를 어려서부터 시킬 것을 권장한다.

요즘 도시에 사는 많은 아이들은 태권도나 검도나 합기도, 육상 클럽, 축구 클럽, 농구 클럽, 배구 클럽 등에 다니면서 하고 싶은 운동을 마음대로 할 수 있지만 가정 형편이 별로 좋지 않은 아이들은 스포츠 활동이나 무도 연마가 쉽지 않은 것이 사실이다. 우리나라 국가 스포츠 운영 방안은 전 국민의 일인일기―人―技 익히기를 통한 국민 전원의 체육 진흥이지만 사실상 국가 체육이 엘리트 스포츠 위주로 양성되어 나라의 명예를 높이는 것으로 제한되어버렸다.

사실 초중고교에서 모든 스포츠 활동과 무도 연마를 할 수 있는 교육 환경으로 바뀌어야 한다. 그래야 국민 모두가 강건한 신체를 어려서부터 양성할 수 있는 기회를 가질 수 있다. 현재처럼 엘리트 스포츠는 오직 소수의 선수들만을 위한 국가적 전시 행정일 뿐이며 대학에 체육 특기자만 들어가는 현행제도도 큰 문제다. 특기자로 대학에 진학하는 학생들은 오직 운동만 들고파고 학교 공부는 하는 둥 마는 둥 하다 보니 운동만 잘하는 스포츠 기계 같은 인간으로 바뀌고 있다.

아이비리그 등 내학 스포츠 경기는 대학 간의 자존심과 서열이 걸린 매우 치열한 전투다. 수준 또한 프로 스포츠 못지않다. 그러나 대학 스포츠에서 선수들에게 스카우트 자금이나 특전을 제공한다는 것은 있을 수 없다. 그저 아마추어 선수답게 학교 공부나 봉사활동, 스포츠 활동 등이 뛰어나야 하고 입학한 후에도 다른 학생들과 똑같이 공부하면서 학업 시간 외에 열심히 연습해 경기에 나간다.

이런 대학 스포츠 정신이 우리에게 매우 필요한 만큼 초중고교의 체육 시간은 크게 활성화되어야 한다. 스포츠나 무도 연마는 단순히 대학에 들어가기 위해 필요한 것이 아니라 평생을 단련해야 할 우리의 신체를 위해 너무도 필요한 과정이기 때문이다.

"All work and no play makes Jack a dull boy(오직 공부만 하고 놀지 않으면 아이를 멍청이로 만든다)." "All play and no work makes Jack a mere toy(오직 놀기만 하고 아무 공부도 하지 않으면 아이를 단순한 인형으로 만든다)." 두 영어 속담은 노는 것과 공부하는 것이 조화되어야 사람다운 사람이 된다는 것을 말해주고 있다. 즉, 공부만 잘하고 놀지 못하는 사람은 두뇌 활동을 통해 많은 일을 할 수는 있지만 사람답게 살아가는 것을 알지 못하게 된다는 것이다. 또한 놀기만 잘하고 공부를 하지 않는 사람은 인형 즉 겉만 사람이고 속은 전혀 사람답지 않은 사람이 된다는 것이다. 그러므로 아이들이 공부와 놀이를 함께 잘 할 수 있는 심신이 모두 건전한 사람으로 자라게 해야 한다. 두 속담은 학문과 스포츠와 예술 활동이 얼마나 전인적인 인격 형성에서 중요한 위치를 차지하고 있는지를 보여주고 있다.

서양 교육에서 이상으로 삼은 것은 바로 진선미眞善美를 추구한 그리스인의 교육 정신이었다. 고대 그리스인들은 강인한 체력과 아름다운 신체, 조화로운 인간성 속에서 사고하고 창조하는 인간형을 강조했다. 이것이 물론 근대에 와서 쿠베르탱 남작이 되살려놓은 고대 그리스의 올림픽 이상이기도 하다. 인간을 중심에 놓고 사고하는 헬레니즘 문화에서는 사람은 마땅히 지혜와 덕성과 체력을 갖춘 고상한 존재였던 것이다.

우리 민족도 예부터 선인건자仙人健者를 이상으로 한 숭문상무崇文尙武 정신이 강한 민족이었다. 숭문상무란 문과 무를 똑같이 숭상한다는 뜻이다. 우리 민족은 고대 환국으로부터 배달 나라와 조선(고조선)·북부여·고구려·대진(발해)·고려·조선 중기 때까지만 해도 무력과 문화의 힘이 막강했던 민족으로서 천손민족임을 긍지로 여기고 주변 민족들을 지도하며 살았다. 고구려와 발해와 고려 중기 때까지 우리 민족은 동북아 최강대국이었다. 어떤 침략 세력도 물리칠 정도로 국민들의 정신적이고 무력적인 힘이 막강했다. 비록 조선 중기에 이르러 임진왜란과 병자호란, 정묘호란을 거치고 일제의 제국주의 침략으로 나라를 일시 빼앗기는 시기가 있었지만 우리는 끝까지 일제에 투쟁했던 빛나는 숭문상무의 정신을 가지고 있었다.

원래 우리 민족은 머리만 좋고 몸이 허약한 사람은 사회에서 지도자가 될 자질이 부족하다고 여겼다. 우리 조상들은 아이들을 어려서부터 경당에 나가 무예를 익히면서 학문을 익히게 했다. 그래서 우리 민족은 학문과 무예를 동시에 익혀 학문으로는 삼교구류三教九流와 제자백가, 천문·지리에 밝고 무예로는 호흡법과 제파 무술에 통달하는 것을 이상으로 삼았다. 그렇기에 "발해삼인 당일호渤海三人當一虎 (발해인 세 명이면 호랑이 한 마리도 능히 이긴다)"라는 말이 생긴 것이다. 유사 이래 외세의 침략을 수없이 받고도 이 땅에 살아남아 아직도 한국인의 위대성을 떨치는 것을 보아도 우리 민족은 원래부터 문과 무를 함께 갈고닦은 찬연한 전통이 있음을 알 수 있다.

우리 아이들에게 이런 우리 민족의 위대한 숭문상무의 정신을 살려 스포츠 활동과 무도 연마를 생활화하도록 지도해야 할 것이다.

건강하지 않은 아이들은 없다

건강하지 않은 아이들은 어디를 가더라도 힘이 센 아이들에게 비굴할 정도로 굽신거린다. 영화나 드라마를 보면 학교에서 일진이나 건달들한테 얻어맞고 고통받는 것은 건강하지 못한 아이들이다. 내 아이가 이런 아이라고 생각해보라! 얼마나 화가 나겠는가. 하지만 그렇다고 내 아이를 정신과 육체를 교육시켜 매일 다른 아이들을 괴롭히는 아이로 만들 필요는 없다. 다만 아이들에게 '이 세상에서 건강하지 않은 아이는 없단다. 다만 네가 너 자신을 건강하게 만들려는 생각을 갖고 몸과 마음을 건강하게 하려고 노력해야 한다'고 격려해야 한다. 그러면서 세계적인 장사로 거듭난 두 사람의 예를 들어 어떻게 하면 몸과 마음이 건강해질 수 있는지를 말해주자.

첫째, 1867년 4월 2일 독일 프러시아에서 태어나 영국으로 귀화한 세계 최초의 보디빌더로서 슈퍼스타였던 오이겐 산도프 Euegen Sandow가 있었다. 어린 시절 병약했던 그는 넘실거리는 파도 앞에서 자신의 한심한 모습을 반성하고 죽기살기로 운동을 시작해 결국은 세계 최강의 역사力士가 되었다고 한다.

둘째, 고구려 유민 출신인 고선지 장군이 있었다. 그는 당나라 군대를 이끌고 파미르 고원을 넘어 석국 전쟁을 통해 서역을 정벌하고 당나라가 72개국의 조공을 받게 했다. 그 공으로 그는 당나라의 영웅이 되었고, 시성詩聖 두보 같은 사람이 시를 지어 바칠 정도로 위대한 인물이 되었다. 하지만 고선지 장군은 어릴 때 몸이 매우 허약했다. 그러나 부친의 거듭되는 격려로 무도를 갈고닦아 마침내 타고난 허약한 체질을 극복하고 당나라 후기 최대 영웅이 되었던 것이다.

그러므로 우리 아이들에게 자신이 허약하다는 생각을 버리고, 쉬운 운동부터 시작해 천천히 기초 체력부터 다지도록 해야 한다. 이 세상에서 위대한 업적을 남긴 사람들은 대부분 심신이 강건했다. 하물며 플라톤 같은 위대한 철학자도 청년 시절에는 올림픽 레슬

277

링에서 우승한 탁월한 스포츠맨이었으니 내 아이도 스포츠 활동이나 무도 연마를 통해 강인한 사람이 될 수 있다.

전통적인 훈련을 시켜라

1980년대에 유행했던 『단丹』이라는 소설이 있다. 이 책은 우학도인 봉우 권태훈 옹이 구술한 것을 소설가 김정빈이 소설화한 것인데, 우리의 고유한 선도법仙道法을 다루고 있다. 봉우 권태훈 옹은 대종교 총전교를 맡은 적도 있는 사람인데, 우리 민족 고유의 심신건강법인 단전호흡법의 최고 경지가 어떤 것인지를 실화의 사례를 들어 설명했다. 그는 또한 축지법이니 장풍이니 심검心劍(어검술)이니 하는 각종 도술 이야기를 들려주면서 내공이 극진한 경지에 이르면 이런 것이 가능하다는 것을 확증적으로 말했다. 심지어 이런 우리 고유의 내공법과 외공법을 통해 세계 스포츠계를 놀라게 할 슈퍼스타들을 많이 양성해낼 수 있다고 주장했다.

물론 그의 이야기를 그대로 믿을 수는 없다. 그러나 이런 부류의 국선도의 무도가 세계무술대회를 석권한 것을 보면 전혀 허무맹랑한 사실은 아니라고 보인다. 더욱이 우리나라 양궁 선수들이 심신 수련을 할 때 반드시 명상과 단전호흡을 응용해서 궁술 훈련을 해왔다는데 양궁이 계속 세계를 제패해오는 것을 보면 우리의 전통적인 심기신心氣身 수련법이 매우 탁월한 것임이 입증되는 것이다.

사실 우리 민족이 전통적으로 해오던 심신 단련법은 이소룡보다 뛰어난 무술인과 각종 무협 영화나 드라마에 나오는 인물보다 위대하고 탁월한 장사를 만들어왔다. 그런 전통은 오늘날도 국선도 등을 통해 면면히 이어져 내려오고 있으므로 우리 아이들이 수련만 잘한다면 옛 선인 같은 강건한 사람이 될 수 있다. 서양의 스포츠가 주로 근육의 힘이 외부로 드러나는 육체의 미학이라면 동양, 특히 우리의 전통 수련법은 심기신心氣身이 일치된 영육靈肉의 미학이다. 그렇기 때문에 현대의 온갖 질병에 시달리는 청소년들과 컴퓨터 게임과 스마트폰 사용에 중독된 청소년이라도 전통 수련법을 통해 영혼과 육체가 함께 강건해질 수 있다.

또한 규칙적인 등산과 좋은 물 마시기, 체질에 따른 음식 섭취, 영약 복용 등 전통적인 방식으로 우리 아이를 강건하게 만들 수 있다. 오늘날 스포츠 선수들이 스테로이드 등 약물 복용을 통해 일시적인 업적을 이루지만 결국은 암에 걸리는 등 폐인으로 전락한 모습을 볼 수 있다. 그러나 우리의 전통 심기신 훈련법은 우주의 정기와 청정수, 영약, 사상 체질 등에 따른 음식 섭취 등을 통해 우리 아이들을 강건하게 만들 수 있다.

결론을 말한다면 결코 우리 고유의 심기신 훈련법이 서양식 스포츠 훈련법에 뒤지지 않으며 우리가 전통적인 방식을 통해 기초적인 훈련부터 받는다면 본격적으로 스포츠 훈련에 들어갈 수 있을 것이다.

아이가 흥미를 느끼는 종목을 택하라

학교성적과 각종 시험 성적, 봉사 실적, 추천서 등에서 다른 아이들과 비슷한 수준이어도 다음의 스포츠 종목에서 빼어난 실력을 발휘한다면 아이비리그에 입학할 수 있는 가능성이 매우 높다. 왜냐하면 아이비리그대학들은 1954년부터 매년 열리는 아이비리그 스포츠에서 전력을 다해 경쟁해오고 있기 때문에 스포츠에 우수한 학생들은 아이비리거로 뽑힐 가능성이 매우 높은 것이다. 나의 한 지인의 아들은 당시 고교 평점이 3.85/4.0, SAT I에서 1,520/1,600인데 달리기 실력이 100미터를 10.8초에 달리는 학생이라 각 대학들이 고교 2학년 때부터 그 아이에게 관심을 보여왔다. 결국 그 아이는 프린스턴대학에 장학생으로 입학했다.

그러나 내 아이가 국내에서 대학을 진학하는데 구태여 프로 스포츠 선수 수준까지 해야 할까 다소 의심스러울 것이다. 그러나 한 종목에서 아마추어로서 정상에 오른 학생들은 학문을 하건 사업을 하건 정치를 하건 장래 어느 길에서도 성공할 수 있는 집중력과 끈기, 인내력, 사교성을 두루 갖추게 된다는 것을 수많은 성공자들의 사례에서 볼 수 있다. 스포츠에서 발군의 실력을 보이는 사람들은 인품도 훌륭하고 성격도 원만하며 정신력도 뛰어나서 현실 생활에서 대부분 성공하는 것을 볼 수가 있다.

물론 이런 스포츠 재능은 대학을 진학할 때 좋은 스펙으로 작

아이비리그 스포츠 종목

남성 경기	여성 경기
야구Baseball	연식야구Softball
농구Basketball	농구Basketball
거리 경주Cross Country	거리 경주Cross Country
펜싱Fencing	펜싱Fencing
미식축구Football	배구Volleyball
골프Golf	골프Golf
아이스하키Ice Hockey	필드하키Field Hockey
라크로스Lacrosse	라크로스Lacrosse
조정Rowing	조정Rowing
축구Soccer	축구Soccer
스쿼시Squash	스쿼시Squash
수영과 다이빙Swimming & Diving	수영과 다이빙Swimming & Diving
테니스Tennis	테니스Tennis
실내외 육상경기 Indoor & Outdoor Track & Field	실내외 육상경기 Indoor & Outdoor Track & Field
레슬링Wresting	

용할 수도 있고, 직장에서 입사 시험을 볼 때 면접관들에게 호감을 주어 매우 유리하게 작용한다는 사실을 알아야 한다. 그러므로 어려서부터 자기가 가장 좋아하는 종목의 스포츠나 무도를 선택해 프로

선수의 수준까지 이르도록 꾸준하게 연마하는 것이 좋다.

아이들이 어떤 종목의 스포츠나 무도를 좋아하는지는 아이들의 성격과 취향에 달려 있다. 활달하고 전투적인 스포츠를 좋아하는 아이들은 축구나 농구 같은 운동이 알맞다. 그러나 머리를 쓰면서 생각하고 여유 있게 운동하기를 좋아하는 아이들에게는 야구나 골프 같은 운동이 알맞다. 물론 정신 집중을 잘하고 안정감 있으며 자기 계발을 잘하는 아이들은 단전호흡이나 명상을 통한 무도가 알맞다.

문제는 아이들이 살아가면서 열두 번도 더 변하기 때문에 아이들이 어떤 운동을 좋아하다가 갑자기 친구의 영향을 받거나 영화 같은 것을 보고 운동 종목을 바꿀 수는 있다. 그렇다고 해서 아이들을 탓하거나 꾸짖을 필요는 없다. 어차피 전문적인 체육인으로 양성하는 것이 목표가 아닌 이상 아이들이 살아가면서 자신들이 선택하고 즐길 수 있는 스포츠나 무도를 자유롭게 선택하고 또 그들이 스포츠나 무도 자체를 즐길 수 있도록 격려하고 이끌어주어야 한다.

이러다 보면 아이들이 어느 때엔가는 자신이 이 종목을 자신의 평생의 스포츠 종목이나 무도 종목으로 삼고 싶어 하는 때가 올 것이다. 그때부터는 아이들에게 알맞은 훈련 프로그램과 코치 등을 정해 아이들이 아마추어로서 계속 발전할 수 있도록 북돋아주어야 할 것이다.

예능에서 최소 한 분야는 전문가 수준으로 가르쳐라

예능 교육은 왜 중요한가?

오늘날처럼 예능 교육의 중요성이 강조된 적이 없기도 하고 또 아무런 예능 계발에 대한 뚜렷한 비전이나 방법도 없이 그저 예능계 대학 입학을 위한 방편으로 예능이 활용되던 적도 없을 것이다. 조선시대를 거쳐 물질적으로 몹시 빈궁하던 우리 민족이 세계 무역대국 10위 안에 들고 전 세계에 우수한 제품들이 수출되며, 한류로 대변되는 문화 수출의 물꼬가 터지자마자 세계는 한국의 고유한 문화에 주목하게 되었다.

왜 한민족은 문화적으로 이렇게 뛰어난 것인가? 그것은 역사적으로 보았을 때 최근에 갑자기 일어난 붐이 아니다. 우리 민족 문화의 뛰어남은 우리 민족성과 매우 깊은 관계가 있다. 우리 민족은 풍류風流를 생활화한 민족으로서 춤과 노래와 각종 기예技藝와 화려한 의상과 사치스러운 장식, 주거 문화와 식품 문화가 자연친화적이며 인간 생명에 유익한 당대 최고급 수준이었다.

『삼국지』「위지」「동이전」을 보면 우리 민족이 얼마나 삶 속에서 풍류를 체질화했는지를 잘 보여주고 있다. 우리 민족은 일하면서도 춤과 노래가 끊이지 않는 족속이라고 전하고 있다. 즉, 삶과 노동과 풍류가 하나로 승화된 민족인 것이다. 그래서 우리의 선비 문화에서 선비의 정의는 '센 이=강한 자, 선인仙人'이며 곧 '풍류객'이었다. 대자연의 웅대한 기운과 사람의 기운이 하나로 합치되어 호연지기를 기르는 것이 풍류인의 이상이었다. 그때 시서묵화詩書墨畵는 기본이며, 거문고와 가야금과 퉁소와 대금 중 하나라도 능통해야 선비 대접을 받았다. 풍류를 즐기는 것이 난봉꾼이 되는 것이 아니라 삶을 관조하고 삶의 아름다움을 완상할 수 있는 여유로운 인간성을 갖추는 일이라는 것을 알아야 한다.

그러나 한 가지 예능 방면에 능통해지는 것은 그만큼 각고의 훈련과 노력을 거쳐야 이룰 수 있는 것이었기에 옛 선비들은 틈만 나면 시를 쓰고 그림을 그리며 춤을 추고 노래를 하는 멋들어진 인생을 즐겼다. 오늘날의 우리 아이들이 선비들의 그 멋진 풍류 정신을 간직하고 예능 교육을 받는지는 잘 모르지만 적어도 예능계 대학 입시만을 위한 교육은 예능 교육에 많은 문제가 있다는 것을 알 수 있다.

장황하게 우리의 풍류 정신과 선비 문화와 예능 교육의 상관 관계를 말한 것은 예능 교육이 아이들에게 너무나 중요하다는 것을 강조하고자 함이다. 우리 민족의 DNA 속에는 풍류인이 될 수 있고 문화인, 예능인이 될 수 있는 잠재력이 무궁하다는 것을 강조하고자 함이다. 그러나 오늘날의 학교 교육이나 사교육이 예술 정신 또는 예술 혼을 먼저 가르치지 않고 단순히 기능으로서의 예능 교육을 시키는 것은 자칫 잘못하면 영혼 없는 인간을 양성하게 된다는 것을 명심하고 예능 교육의 정신과 비전과 목표를 제대로 가르치는 것에서 시작해야 할 것이다.

어떻게 제대로 된 예능 교육을 시킬 것인가?

아이들은 공부만 하거나 운동만 하는 기계적 인간이 아닌 정서적 존재다. 그런데 이 정서란 것은 물과 같아서 명경지수明鏡止水처럼 고요할 수도 있지만 매우 불안정할 수도 있다. 정서가 불안정한 사람은 자신과 남에게 매우 불리한 영향을 끼친다. 하지만 안정되고 고상한 정서는 자신과 남을 평안하게 해주고 인격적으로 원숙하며 인간관계를 부드럽고 조화롭게 해준다.

여러 가지 예능 교육에서 어떤 과목을 내 아이에게 가르칠 것인지를 생각해보자. 우선 음악 교육의 중요성을 잠시 짚어보자.

공자도 말했듯이 음악은 단순히 인간의 성정性情을 순화시키는 작용을 할 뿐만 아니라 국가 사회의 흥망성쇠를 가름할 만큼 중요한 요소다. 그래서 『시경詩經』 「태백泰伯」편에서 공자는 "시로써 흥성하고 예로써 일어서며 음악으로써 완성한다興於詩 立於禮 成於樂"라고 할 만큼 음악의 중요성을 강조하기도 했다. 그러나 그가 강조한 것은 국가적 차원에서 음악 교육의 중요성만이 아니라 국민 대다수가 음악적 세계를 즐길 줄 알아야 한다는 것이다.

　　　물론 악기를 프로처럼 다룬다면 좋겠지만 내 아이가 예능계 지원자가 아닌 이상 그 정도까지 요구할 필요는 없다. 우리는 다만 때로는 혼자 침잠해 악기를 능숙하게 다루면서 자신만의 정서 세계에서 평화와 안식을 추구할 수 있는 사람이 되어야 한다는 것을 강조할 뿐이다. 물론 이 음악적 특별활동이 뛰어난 사람은 우리나라 같으면 예능계 입학에 유리할 것이고 아이비리그 같은 데 입학할 때도 매우 도움이 될 것이다. 그러나 아이비리그는 학생들에게 거의 프로 수준의 음악적 소양을 요구한다. 그래서 그들은 학생들이 제작한 웬만한 포트폴리오나 CD, DVD, 파일 등은 받지 않겠다고 선언한다. 그렇기 때문에 아마추어가 그저 음악을 즐기는 수준으로는 그들의 입학 사정에 큰 도움이 되지 않는다.

　　　내 아이가 음악적 재능이 뛰어나다면 부모로서는 아이에게 어린 시절부터 고급 음악 교육을 다양하게 시킬 필요가 있다. 유명음악가를 사사하거나 각종 콩쿠르에 나가거나 연주회, 교향악단 등에 참여해 자신이 가진 발군의 음악적 재능을 드러내는 것이 바람직하다.

　　내 아이가 미술이나 디자인 등에 뛰어난 능력을 가지고 있다면 어려서부터 그 방면에서 실력을 키워줄 필요가 있다. 요즘은 비주얼 문화와 디자인 시대라 인간의 두뇌 속에 있는 이미지의 다양한 전개와 확장이 필요한 시대다. 그림을 잘 그리고 디자인에 탁월한 재주가 있는 아이들은 그쪽 방면에서 얼마든지 성공할 가능성이 있으므로 어려서부터 미술적 재능을 키울 수 있는 여건을 마련해주고 미학적 능력이 지속적으로 발전하도록 도와 아이의 수월성이 확연히 드러나도록 힘쓸 필요가 절실하다.

　　또한 문학적 재능이 있는 아이들이 있다. 어려서부터 정서적으로 예민하며, 책 읽기를 좋아하고 자기 생각을 글로 쓰기를 좋아하는 아이들은 재능을 길러주는 것이 바람직하다. 문학적 재능은 아무나 가지고 있는 것은 아니다. 이것은 사실 타고난 재능과 함께 부지런히 남의 글을 읽고 생각을 많이 하며 과감하게 글로 표현할 수 있는 도전적인 성격이 또한 필요하다. 왜냐하면 시나 소설, 희곡이나 드라마 등이 사실 허구의 사실을 꾸며내 가상의 세계를 만드는 것이니 대단한 상상력과 창의력이 필요한 것이다. 그러므로 문학을 자기 예능 분야로 선정하는 아이들은 어려서부터 남다른 문예 창작 기초 훈련과 함께 광범위한 독서와 여행 등 인생의 간접 경험을 통해 재능을 창작으로 드러낼 수 있도록 준비시켜야 할 것이다.

공동체를 이끌 수 있는 미래 인재

하버드 공부법은 우리 아이를 기초부터 시작해 최고 수준의 학문을 완성할 수 있는 천재형 인간으로 개조할 수 있는 공부법이다. 물론 천재는 아무나 되는 것은 아니다. 그러나 하버드 공부법으로 초교 시절부터 꾸준히 공부를 시켜왔다면, 그 아이는 지덕체가 완성된 최고 수준의 인간으로 전환되었음이 틀림없다. 적어도 고대 그리스의 플라톤이나 아리스토텔레스, 칸트와 헤겔, 하이데거 수준의 철학자, 뉴턴이나 아인슈타인, 스티븐 호킹 수준의 물리학자, 또는 에디슨이나 테슬라, 다윈 정도의 과학자가 되었을 것이다. 물론 정치사상가가 된다면 공자나 맹자, 순자, 주희, 율곡 이이나 퇴계 이황 정도의 인물이 되었을 것이다. 현실적인 정치가나 사업가가 된다면 역사상 어느 성군이나 현군 또는 대실업가가 되었을 것이다.

그만큼 하버드 공부법은 인간을 근본적으로 바꿀 수 있는 지혜와 덕성과 체력을 길러내는 데 가장 효과적이고 빠른 방법이다. 혹시나 이 책이 국제 입시를 목표로 쓴 것이 아닐까 하고 학부모들이 우려할 수도 있다. 그러나 국제 입시든 국내 입시든 그 공부 원리와 적용 방법은 비슷하다. 그 기본적인 원리는 바로 진리를 찾는 끝없는 학구 정신이다. 진리를 찾는 공부가 아니라 그 원리를 그저 외우는 암기식 공부로는 절대로 제4차 산업혁명 시대에 살아남을 수 없다. 진리가 무엇이냐를 찾는 탐구심을 배양해야 한다. 진리 추구의 정신이라는 확실한 밑바탕에 선 아이는 바로 지도자가 될 자격을 얻은 것이다.

　　지도자란 무엇인가? 지도자란 '길을 가리키는 사람'이란 뜻이다. 지도자가 우매해 일어나는 결과가 끔찍하다면 그 피해를 누가 볼 것인가? 그 공동체 구성원들이 피해 당사자가 되는 것이다. 진리에 따라 사유하고 진리에 따라 행동하지 않으며 오직 진리로써 구성원들의 나아갈 길을 인도하지 않는다면 바로 망하는 길로 이끌게 되는 것이다.

　　이제 내 아이는 지도자가 될 자격을 얻었다. 아이는 어느 공동체에 가더라도 올바로 그 공동체를 이끌 인격과 능력과 체력을 체득한 것이다. 왜냐하면 첫째, 하버드 공부법에서 강조한 대로 전통적인 심기신 수련법에 따라 강력한 신체 단련을 통해 어떤 상황에서도 이겨낼 수 있는 인내심을 배양했으며 어떤 스포츠나 무도에 참여하더라도 당당히 겨룰 수 있는 사람이 되었기 때문이다.

둘째, 예술과 문화 체득 공부를 통해 자연과 인생을 관조하고 즐길 수 있는 여유로운 인간성과 따뜻한 마음씨를 지닌 고매한 인성을 지닌 인물이 되었기 때문이다. 현대적인 컴퓨터 활용 능력과 인공지능의 능력을 이해·체득하고 현대적인 지능적 기술에 능통한 사람이 되었기 때문이다.

셋째, 광범위하고 치밀한 독서와 글쓰기, 토론 등 치열한 자기 표현력 함양과 언어 구사를 통해 국제화에 걸맞은 인재가 되었고 공동체에 헌신적으로 봉사하면서 이웃 사랑을 온전하게 실천하는 사람이 되었기 때문이다.

이런 아이들이 세상에 가득 차서 손에 손 잡고 남을 위해 헌신하고 봉사할 수 있는 리더들로 가득한 세상은 아름다울 것이다. 가난한 자든 부유한 자든 사람의 소중함을 이해하고 사람들 간의 사랑이 가장 소중한 가치라는 것을 아는 게 중요하다. 그래서 양보하며 서로간의 상부와 상조를 통해 대동세계大同世界를 이루어나가는 세상이 오기를 기대한다.

내 아이를 위한
하버드 공부법

ⓒ 한상륜, 2020

초판 1쇄 2020년 5월 29일 찍음
초판 1쇄 2020년 6월 5일 펴냄

지은이 | 한상륜
펴낸이 | 이태준

기획·편집 | 박상문, 박효주, 김환표
디자인 | 최진영, 홍성권
관리 | 최수향
인쇄·제본 | (주)삼신문화

펴낸곳 | 북카라반
출판등록 | 제17-332호 2002년 10월 18일

주소 | (04037) 서울시 마포구 양화로 7길 4(서교동) 2층
전화 | 02-325-6364
팩스 | 02-474-1413
www.inmul.co.kr | cntbooks@gmail.com

ISBN 979-11-6005-085-1 03370
값 14,000원

이 도서의 국립중앙도서관 출판시도서목록(CIP)은 서지정보유통지원시스템 홈페이지
(http://seoji.nl.go.kr)와 국가자료공동목록시스템(http://www.nl.go.kr/kolisnet)에서
이용하실 수 있습니다. (CIP제어번호: CIP2020020561)